예스 9,

기쁨의 향연

예스 9, 기쁨의 향연

발행일	2018년 4월 16일		
지은이	임 동 훈		
펴낸이	손 형 국		
펴낸곳	(주)북랩		
편집인	선일영	편집	권혁신, 오경진, 최예은, 최승헌
디자인	이현수, 김민하, 한수희, 김윤주	제작	박기성, 황동현, 구성우, 정성배
마케팅	김회란, 박진관, 유한호		
출판등록	2004. 12. 1(제2012-000051호)		
주소	서울시 금천구 가산디지털 1로 168, 우림라이온스밸리 B동 B113, 114호		
홈페이지	www.book.co.kr		
전화번호	(02)2026-5777	팩스	(02)2026-5747

ISBN	979-11-6299-070-4 04230(종이책)	979-11-6299-071-1 05230전자책)
	979-11-5987-557-1 04230(세트)	

이 도서의 국립중앙도서관 출판예정도서목록(CIP)은 서지정보유통지원시스템 홈페이지(http://seoji.nl.go.kr)와
국가자료공동목록시스템(http://www.nl.go.kr/kolisnet)에서 이용하실 수 있습니다.

예스 9,
기쁨의 향연

임동훈 지음

헌금 없고 조직 없고 권세도 없는 교회를 섬기며
오직 하나님의 뜻에 따라 집필 중인
전 10권의 『예스』시리즈 그 아홉 번째 이야기
빚더미 위에 부모님의 병환까지 겹치지만
더욱 하나님만 믿고 정진하다

북랩 book Lab

글머리에

오늘 『예스 9, 기쁨의 향연』으로 예수나라 옴니버스 9번째 여행을 시작한다. 이로써 모든 사람에게 웃음꽃이 활짝 피어나는 기회가 되었으면 좋겠다. 이 기쁨이 여러분과 함께하기를 빈다.

기쁨은 자유와 평화를 동반하기 마련이다. 자유 없는 기쁨이나 평화 없는 기쁨은 생각할 수 없다. 주님의 모든 은총이 마찬가지겠지만, 기쁨의 영성(靈性)도 우리의 노력으로 이루어지지 않는다. 신학이나 신앙으로 주어지는 것도 아니다.

오직 성령으로 충만할 때, 기쁨이 우러나고 드러나게 된다. 기뻐하고 즐거워하는 마음은 성령의 열매로 결실한다. 그래서 성경은 밝히 말한다.

'하나님의 나라는 먹고 마시는 것이 아니라, 성령 안에서 누리는 의와 평화와 기쁨입니다.' (로마서 14. 17)

기쁨은 주님이 우리에게 허락하신 고유의 선물이요, 독보적인 은총이다. 우리가 주님 안에 있을 때 기뻐하게 되고, 주님이 우리 안에 있을 때 즐거워하게 된다. 그래서 다윗이 이렇게 고백하였다.

'여호와는 내 기쁨의 원천이시니, 그가 나의 이 모든 생각을 기쁘게 여기시기를 원하노라.' (시편 104. 34)

또 사도 바울도 우리에게 강권하여 말하였다.

'주님 안에서 항상 기뻐하라!' (빌립보서 4. 4)

예수님도 자신의 기쁨을 제자들에게 나눠주시기를 간절히 원하셨다.

'내가 너희에게 이 말을 한 것은, 내 기쁨이 너희 안에 있게 하고, 또 너희의 기쁨이 넘치게 하려는 것이다.' (요한복음 15. 11)

이렇듯 기쁨은 성령 안에서 누구에게나 허락된 것이다. 어떤 개인이나 특정한 민족에게 주어지는 기쁨은 기쁨이 아니라 슬픔일 수 있다. 그래서 하나님께서 기쁨의 근원이신 예수 그리스도를 만백성에게 보내주셨다.

'두려워하지 마라. 내가 모든 백성이 크게 기뻐할 좋은 소식을 전하여 준다.' (누가복음 2. 10)

하나님께서 예수 그리스도를 통해 우리에게 주신 기쁨은, 일시적 감정으로 허락하신 것이 아니라 초월적 사랑으로 주셨다. 고난과 박해까지 인내와 감사로 받아들이는 기쁨이다.

사실 물질로 주어진 기쁨은 누군가의 슬픔에 의한 대가일 수 있고, 사사로운 욕심에 의해 주어진 기쁨은 상대적 박탈감과 허무를 낳을 수 있다.

세상에서는 해악과 질병, 사건과 사고, 상실과 죽음 등으로 슬픔과 괴로움이 따르기 마련이지만, 주님께서는 새 하늘과 새 땅을 반드시 창조하실 것이며, 아울러 영원한 기쁨과 즐거움을 주실 것이다.

'그들의 눈에서 모든 눈물을 닦아주실 터이니, 다시는 죽음이 없고, 슬픔도 울부짖음도 고통도 없을 것이다.' (요한계시록 21. 4)

따라서 기쁨은 구원의 결과로 주어지는 하나님의 선물이다. 회개 없이 믿음 없고, 믿음 없이 구원 없다. 구원 없이 누림 없고, 누림 없이 기쁨 없다.

바울과 실라는 억울하게 고소를 당하여 죽도록 매를 맞고 손발에 차꼬가 채워져 수감되었다. 그리고 꺼무칙칙한 지하실 감방에 갇혀 있으면서도 주님 안에 있는 기쁨을 한껏 누렸다. 참 기쁨은 육신의 제약이나 속박을 초월하게 된다.

세상이 주는 기쁨은 일시적 환희에 불과하다. 기뻐하는 순간 슬픔을 맛볼 수 있다. 하지만 하나님의 은총으로 주어지는 기쁨은 영원하고 영원하다.

주님이 주시는 기쁨은 세상이 주는 기쁨과 확연히 다르다. 날마다 주님을 사랑하면서 주님과 함께 누리는 기쁨은 성령의 열매로 세상에 분명히 드러나게 된다.

'이와 같이 지금은 너희가 근심에 싸여있지만, 내가 다시 너희를 볼 때는 너희 마음이 기쁠 것이며, 너희 기쁨을 빼앗을 자가 없을 것이다.' (요한복음 16. 22)

"오, 주여! 그렇습니다. 우리가 바라는 것은 주님 안에서 누리는 영원한 기쁨입니다. 주님으로 인하여 기뻐하게 하시고, 성령으로 말미암아 열매를 맺게 하소서. 아멘."

건전한 교훈은 복되신 하나님의 영광스러운 복음에 맞아야 합니다. 나는 이 복음을 전할 임무를 맡았습니다. (디모데전서 1. 11)

2018. 4. 2

예수나라 청지기

차 례

글머리에 / 4

제41편 **영혼의 향기** / **11**

1252. 행복 스위치 1253. 쇠줄 사다리 1254. 양심의 소리 1255. 순례자의 길 1256. 갈잎의 노래 1257. 고마운 친구 1258. 영적 살인자 1259. 거지 가족 1260. 어지럼증 1261. 귀신의 변신 1262. 친구의 유혹 1263. 빠삐용 1264. 모험의 학교 1265. 흉터의 예술 1266. 익일 우편물 1267. 씁쓸한 여운 1268. 용서의 복수 1269. 미련퉁이 1270. 침체의 늪 1271. 만나의 은혜 1272. 평생교육원 1273. 뱀과 애착 1274. 건강한 모 1275. 호모 사피엔스 1276. 베짱이

제42편 **예술가 동산** / **49**

1277. 병행 사용 1278. 악마의 천사 1279. 정체성 혼란 1280. 실수와 불평 1281. 이혼자 신발 1282. 수도관 보도 1283. 북극성 좌표 1284. 숨은 누수 1285. 세 여자 1286. 만능 클리닉 1287. 세월의 흔적 1288. 오늘과 내일 1289. 사회적 영성 1290. 부활의 가족 1291. 티티 크리스천 1292. 업무 보고 1293. 탈리타 쿰 1294. 양심의 법 1295. 겸손한 신앙 1296. 과제 정리 1297. 들쟁이 1298. 트러블 1299. 담대해라 1300. 코리언 카우 1301. 슈퍼 스튜핏 1302. 스와니 강물 1303. 위험한 여정 1304. 바보의 기쁨 1305. 휘게 라이프 1306. 억척녀 1307. 노인과 바다 1308. 허상의 숲 1309. 야생화 일상 1310. 유토피아

제43편 바보의 축제   / 87

1311. 파리 떼 교훈 1312. 잦은 건망증 1313. 선교회 스태프 1314. 최고의 영성 1315. 돌아온 탕아 1316. 가오리 낚시 1317. 백마와 쥐새끼 1318. 얼굴 없는 괴물 1319. 망각의 계절 1320. 연민의 함정 1321. 영적 신경증 1322. 기억의 정화 1323. 주님의 선물 1324. 잔치와 자선 1325. 아들의 짐 1326. 부정 위원회 1327. 교회당 수리 1328. 서번트 증후군 1329. 생의 이파리 1330. 제단의 제물 1331. 작은 자 1332. 망각의 시간

제44편 천국 사무소   / 117

1333. 위험한 낚시 1334. 사나운 물결 1335. 마음의 아픔 1336. 지워진 이름 1337. 그릇 비우기 1338. 스케치 그림 1339. 마음의 저울 1340. 루비콘 강 1341. 생명의 소리 1342. 하늘 여행 1343. 키메라 냉이 1344. 부경과 감자 1345. 성모 마리아 1346. 아버지 상처 1347. 숫자의 의미 1348. 부킹 페이퍼 1349. 목자의 목자 1350. 신성과 영화 1351. 헐크 1352. 거룩한 친구 1353. 변호인 1354. 흐르는 세월 1355. 인술 1356. 겹경사 1357. 사랑의 빚 1358. 강제 조약 1359. 우물 낚시 1360. 교회당 공사 1361. 스트레스 1362. 까만 곤충 1363. 간증 집회 1364. 투명 인간 1365. 포주와 친구 1366. 눈물 기도 1367. 휴대폰 1368. 희귀한 뱀 1369. 재주와 용모 1370. 믿음의 담력 1371. 꼼수의 함정 1372. 거리 전도 1373. 진실과 진리

제45편 **인생사 지도** / 153

1374. 뱀과 닭 1375. 파랑새 1376. 바른 은혜 1377. 수직 계단 1378. 꿈과 생시 1379. 마늘 촉 1380. 싸리나무 1381. 찜찜한 샘물 1382. 물웅덩이 1383. 자유 시간 1384. 길가 화재 1385. 비행접시 1386. 순이 1387. 구원의 부표 1388. 옷매무시 1389. 동녘 광명 1390. 중고차 1391. 정치 집착 1392. 인생 무상 1393. 구주의 신용 1394. 상처받은 닭 1395. 사형수 심정 1396. 살인자 증거 1397. 봉숭아 연정 1398. 태산과 거목 1399. 오만한 바람 1400. 노환의 손님 1401. 종합 병원 1402. 비정한 세상 1403. 연민의 정 1404. 황금계 1405. 목회자 덕목 1406. 보도블록 1407. 거룩한 기운 1408. 외톨이 신발 1409. 아궁이 불 1410. 뿌리와 가지 1411. 음독 사건 1412. 노란 병아리 1413. 안전한 집 1414. 붉은 경고 1415. 굴뚝 1416. 생기나라 1417. 하찮은 사람 1418. 지네와 모기 1419. 주님의 결재 1420. 인간 동물 1421. 낙상 1422. 아버지 치매

찾아보기 / 202

『예스 1, 휴먼 드라마』

『예스 2, 소망의 불씨』

『예스 3, 밀알의 소명』

『예스 4, 희망의 나래』

『예스 5, 광야의 단비』

『예스 6, 영성의 바다』

『예스 7, 자유의 다리』

『예스 8, 평화의 노래』

예스 9, 기쁨의 향연

제41편

영혼의 향기

1252. 행복 스위치

자원봉사자 학생들을 데리고 무슨 일을 하다가 잠시 볼일을 보고 돌아왔더니, 그들은 떠나고 다른 학생 5명이 와서 일하고 있었다. 그들을 보려고 작업장 안으로 들어갔다.

그런데 옛 직장 동료 '들을 규범'이 그들 옆에 서 있었다. 너무 반가운 나머지 그가 평소 우리를 부르던 방식대로 그를 불렀다.

"어이, 조 박사!"

그때 나는 내 존재감을 그들에게 드러내 보이려고 일부러 큰소리로 그를 불렀다. 하지만 그럴 분위기가 아니었다. 그는 아무 말이 없었고, 가까이 다가가 악수를 청했으나 그저 손만 내밀었다.

그러고 보니 그의 얼굴이 창백하고 핼쑥하였다. 파르스름하게 자란 수염이 더욱 그를 가냘프게 하였다. 세월은 누구나 어쩔 수 없는 듯, 볼에 뜨문뜨문 난 수염 얼마를 제외하고, 구레나룻과 다른 수염들이 하얗게 세어 마치 얼굴에 흰 눈을 뿌려놓은 듯하였다.

영락없는 시골 노인네 모습이었다. 그도 그럴 것이 그의 나이가 벌써 환갑을 훌쩍 넘었지 않은가? 하지만 작은 체구에 얼굴은 동안이었고, 운동도 잘했으며, 성격도 활달했던바, 동기생 중에서 가장 어리게 보였다. 사귐성도 좋아 누구와도 원만하였다. 그래서 그 모습이 더욱 안쓰러웠다.

"그동안 무슨 일이 있었어?"

그가 공장 밖으로 걸어 나오며 힘없이 말하였다.

"3천만 원의 빚을 졌어."

"아니, 어쩌다가?"

"카드를 긁다가 보니."

그러면서 그가 계속 걸어갔다. 뒤따라가며 내가 말했다.

"3천만 원은 그리 큰 빚이 아니야. 나는 3억 원도 갚았어!"

그리고 얼마쯤 가다가 길가에 있는 한 허름한 집으로 들어갔다. 분위기가 이상하여 밖에서 머뭇거렸다. 그러자 그가 나와서 같이 들어가자고 하였다.

그 집에 들어가 보니 단칸방에 한 여인이 살고 있었다. 그런데 내 눈을 의심하게 했다. 시멘트 바닥에 비닐 장판 몇 조각이 이쪽과 저쪽에 깔려 있을 뿐 그냥 맨바닥이었고, 살림살이라고는 보잘것없는 냄비와 수저 한 벌이 전부였으며, 누더기에 가까운 이불 하나가 한쪽에 개어져 있었다.

도배도 하지 않은 시멘트벽은 기둥이 드러나 있었고, 기둥과 벽 사이가 갈라져 그 틈새로 황소바람이 들어오고 있었다. 지름이 30cm쯤 되는 구멍이 천장 여기저기에 뚫려 있어 스산하기까지 하였다.

우리가 방으로 들어가자 여인이 얼굴을 붉히며 심히 부끄러워하였다. 한쪽 구석으로 물러나 쪼그리고 앉으며, 자기가 앉았던 조그만 장판 조각 위에 우리를 앉으라고 하였다.

여태껏 살아오면서, 정말 이처럼 어렵게 살아가는 사람은 처음 보았다. 안쓰러운 마음이 들어 여인에게 가만히 물어보았다.

"어디 일하러 나가십니까?"

"예, 함바(はんば, 건설 현장 식당)에…"

여인이 말끝을 흐리자 그 친구가 대신 말을 이었다.

"함바에서 일손이 필요하면 가끔 부르는데, 그때 가서 일을 도와주곤 하지."

그러고 보니 여인은 공사장 식당의 스페어(spare) 종사자인 셈이었다. 그런 자신이 부끄럽다는 듯, 여인은 시종 얼굴을 붉히며 구석에 쪼그리고 앉아 안절부절못했다.

그리고 무슨 일이든 시켜주기만 하면 감사함으로 순종하겠다는 그런 자세를 취하고 있었다. 그때 내 마음속에서 무엇인가 꿈틀거리며 일어나는 것이 있었다.

'아, 이 자매야말로 정말 예수님께서 말씀하신바, 바로 그 작은 자가 아닌가?'

흔히 하는 말대로 교회에 나가느니 안 나가느니 하는, 그따위의 질문이나 대답은 아무 소용이 없었다. 이 자매 앞에서 그런 말이 무슨 의미가 있겠는가?

정말 더할 나위 없이 순수하고 깨끗한 자매의 모습에서, 우리 주 예수 그리스도 앞에 서 있는 막달라 마리아를 보는 듯했다. 주님이 말씀하신 팔진복(八眞福)을 한 몸에 간직한 사람이, 바로 이 자매가 아닌가?

그 순간 이제까지 살아온 내 추한 모습이 파노라마처럼 드러나기 시작하였다. 나름대로 이웃을 섬기며, 그들을 배려하고 도우며 산다는, 그 얄팍한 자존심이 일시에 무너져 내렸다.

그때 주님의 마음에 대한 무지가, 내 이기적인 욕심을 휘어잡고 있었다는 사실을 새삼 발견하게 되었다.

"오, 주여! 이 못 나고 추한 죄인이, 감히 주의 종이라 일컬음을 받으며 살아왔습니다. 이 자매와 같이, 이 종으로 하여금, 돈 없고 백 없고 힘없는 사람으로 만들어주십시오. 그리고 남은 생이라도 그렇게 살도록 도와주십시오.

이제야 참으로 행복이 무엇인지 조금은 알 것 같습니다. 진정한 '행복 스위치'는 따로 있었습니다. 그동안 '솔라 맘모나(오직 돈으로)'라는 사탄의 함성이 세상의 진리를 왜곡하였던바, 저에게까지 부질없는 욕심을 부추겼습니다.

소위 권세자의 백은 권모술수를 갖다 주었고, 많이 가진 자의 힘은 오만불손을 낳았을 뿐입니다. 우리 주 예수 그리스도 안에 있는 참 행복과는 거리가 너무 멀었습니다."

바로 그때, 며칠 전 새벽기도 중에 주님께서 일러주신 말씀이 생각났다.

'우리는 헌금 없고 조직 없고 권세 없는 삼무 공동체입니다. 그래서 그저 좋은 소식만 전할 뿐입니다. 우리 주 예수 그리스도를 영접하세요. 그러면 구원을 받을 것입니다. 그냥 선물로. 순전히 공짜로!'

이 말씀을 마음속으로 되새기자 사탄이 다가와 속삭이며 힐난하였다.

"무능한 자의 자위치고는 정말 그럴싸하군. 친구!"

그래서 내가 웃으며 대답하였다.

"그래서 나는 더욱 실감이 나고 감사하다네. 친구!" (2014. 1. 27)

1253. 쇠줄 사다리

아파트 15층 높이쯤 되는 쇠줄 사다리를 타고, 어느 집 옥상으로 올라가기 시작하였다. 생질 같기도 하고 아들 같기도 한 어린아이 하나를 앞세우고, 뒤에서 밀어주기도 하고 받쳐주기도 하며 한 계단씩 차근차근 올라가고 있었다.

그저 눈앞에 보이는 사다리만 붙잡고 한참을 올라가자 옥상이 나왔다. 마지막 한두 계단을 앞두고 아이가 사뿐히 옥상으로 올라갔다.

그동안 아이 걱정에 앞뒤 살펴볼 겨를도 없이 올라왔으나, 막상 아이가 옥상에 올라가자 그만 긴장이 풀렸다. 그래서 슬쩍 뒤를 돌아보게 되었는데, 높이 세워진 쇠줄 사다리를 보고 갑자기 무서운 생각이 들었다. 게다가 바닥에서 어떤 여자가 사다리를 옆으로 옮기려고 잡아 흔들고 있었다.

다리가 후들후들 떨리면서 마지막 계단을 오르지 못했다. 아이가 손을 잡아주려고 하였으나 안전을 보장하기는커녕, 오히려 아이까지 붙잡고 뒤로 나가떨어질 수 있다는 생각이 들었다.

그래서 내미는 아이의 손을 잡기는 하였으나 끌어당길 수는 없었다. 어떻게 하든지 옥상 난간에 세워진 쇠 파이프를 잡으려고 하였다. 하지만 여전히 1% 부족함을 느꼈다.

그리고 새벽에 기도하며 이것저것 깨달은 바가 많았으나 아쉬운 점도 많았다. (2014. 1. 30)

1254. 양심의 소리

며칠 동안 계속 악몽에 시달렸다. 오랜만에 만난 이종사촌 여동생 '순수한 황금'이 나를 외면하는가 하면, '큰 진리'와 '거룩한 진리' 등의 이종 동생들도 나를 본체만체하며 팔려고 내놓은 가게만 살펴보았다.

평소의 그들 모습과 달라도 너무 달라 크게 실망하였다. 그때 우리 가

죽은 공동묘지 옆에서 살고 있었다. 그리고 더욱 나를 안타깝게 한 것은 그저께 밤에 꾼 꿈이었다.

초저녁부터 잠을 자서 자정이 조금 지나 일어나게 되었다. 새벽 4시 반까지 통합 복음서 교정 작업을 하였다. 그리고 다시 누워 눈을 붙였다가 꿈을 꾸었다.

어린 딸을 아무 이유도 없이 발로 걷어찼다. 보면 볼수록 여리고 가냘픈 아이를, 그것도 작은 코를, 하얀 고무신을 신은 딱딱한 의족으로 차서, 지난 며칠 동안 서너 차례나 계속하여, 결국은 아이의 코피를 터뜨리고 말았다.

처음에는 코를 잡고 고통스러워하는 아이의 모습을 애써 외면하다가, 코피를 흘리는 모습을 보고서야 비로소 달려가 끌어안았다.

땀을 빠작빠작 흘리며 힘들어 하는 아이를 보고, 정말 내 부족하고 부덕함에 몸서리를 쳤다. 정말 쥐구멍이라도 있으면 들어가고 싶었다.

그때 아이의 이마를 만져보니 불덩어리였다. 아이를 안고 병원으로 달려갔다. 어떻게 알았는지 내 어머니와 동생들이 몰려왔다. 간호사가 아이의 이마를 만져보더니 주사를 놓으려고 하였다.

아이를 침대에 눕히자 죽은 듯이 늘어져 있었다. 내 못난 모습을 보니 너무나 가증스러웠다. 차라리 내가 대신 죽고 싶다는 생각이 들었다.

(2014. 2. 25)

1255. 순례자의 길

어제 낮부터 저녁까지 머리가 찌근찌근 아팠다. 정신이 집중되지 않아 복음서 교정도 할 수가 없었다. 교회당을 들락날락하며 기도하고 위안을 찾아보았으나 안정이 되지를 않았다. 근종일 누워서 비몽사몽 중에 지냈다.

그러다가 간밤에 꿈을 꾸었다. 서너 사람과 함께 순례를 시작하였다. 길을 가다가 내 몸에서 무엇이 떨어져 보니 뱀이었다. 얼마나 오랫동안 내 몸에 붙어 있었는지 큰 회충같이 희끄무레하고 매가리가 없었다.

그런데 그 뱀이 약간씩 꿈틀거리며 자꾸 커졌다. 금방 말라비틀어질 듯이 보이던 뱀이 풍선처럼 덩치가 커지며 색깔도 흉측하게 변했다. 그대로 두다가는 누군가를 크게 해코지할 듯하였다. 그래서 다시 붙잡아 내 몸 어딘가에 숨겨 두었다.

하지만 얼마 안 가서 그 뱀이 다시 내 몸에서 떨어졌다. 처음처럼 연약한 회충으로 보였으나, 다시 꿈틀거리며 커지기 시작했다. 징그럽기도 하고 어찌해야 좋을지 몰라 허둥거렸다. 그때 나와 함께 순례하던 리더(leader)가 말했다.

"뱀을 보면 무조건 죽여야 돼!"

그 말을 듣고 풍선처럼 커지고 있는 그 뱀의 모가지를 들고 있던 야전삽으로 내리쳤다. 단번에 모가지가 잘리면서 축 늘어졌다. 부풀던 몸도 푹 꺼지며 죽은 듯하였다. 무슨 거품처럼 느껴졌다.

그런데 그 속에 개구리 알 같은 까만 알갱이가 빼곡히 박혀 있었다. 그리고 그것을 끈적끈적한 액체가 감싸고 있었다. 만일 그것이 새끼가 되어 나오면 큰일이라는 생각이 들었다. 그래서 다시 삽을 들고 뱀 대가리를 내리쳐 두 쪽으로 쪼개 버렸다.

그러자 속에 있던 액체가 압력에 의해 터져 나오며 내 사타구니에 뿌려졌다. 얼른 털어버리고 길가에 있는 개울로 내려갔다. 그리고 수건에 물을 적셔 닦아내었다.

그때 한 여인이 순례를 마치고 산에서 강으로 내려왔다. 그 자매가 뱀을 보더니 물었다.

"이게 뭐예요?"

"뱀이요."

"어휴, 징그러워라."

그러고 보니 그 뱀의 몸은 이미 녹아서 사라져 버렸고, 개구리 알처럼 보이는 까무잡잡한 액체만 길가 바위 밑에 널려 있었다.

그리고 느슨한 스타킹을 바짝 잡아당기며 길 떠날 준비를 하였다. 그때 나와 동행하던 사람들은 이미 산 중턱에 올라가 쉬면서 나를 바라보고 있었다. 그들이 말하였다.

"이제 준비가 다 된 것 같으니 우리도 슬슬 올라가 볼까?"

"좀 더 기다렸다가 올라오면 함께 가지 뭘."

"우리가 천천히 가면 금방 따라올 거야."

그때 나는 모든 짐을 버리고 홀가분하게 떠나려고 하였다. 그런데 내 몸에 아직도 남아 있는 것이 있었다. 통장과 시계였다.

'이것도 여기 두고 떠나야겠다. 돌아올 때 가지고 가면 되지. 아니야, 숱한 사람이 오가는 이 길가에 두면 누가 들고 갈지 몰라. 그러니 그냥 가지고 가자." (2014. 2. 25)

1256. 갈잎의 노래

아래쪽에 있는 교회당으로 내려가 목사님을 만났다. 그동안 사정을 쭉 얘기하고 양해를 구했다. 그리고 옆을 보니 바닷물이 빠지고 군데군데 웅덩이가 드러나 있었다. 거기 내려가 이리저리 헤매다가 다소 깊은 웅덩이에 빠져 곤욕을 치렀다.

그리고 내가 있던 산으로 다시 올라가기 시작하였다. 힘겹게 정상까지 올라 양팔을 쭉 뻗기는 하였으나 잡을 것이 없는 맨땅이었다.

그래서 맨손으로 땅을 파고 거기 손가락을 넣어 힘껏 잡아당겨 보았다. 하지만 내 몸이 무거워 난간을 넘지 못하고 미끄러지고 말았다.

'이제는 틀렸구나!'

하고 포기하려다 지난 경험을 살려 오른쪽 비탈을 보니, 아닌 게 아니라 굳이 그렇게 올라가지 않아도 되는 샛길이 있었다. 그래서 그 길로 몇 발짝 들어갔더니 바로 내리막이었다.

한시름 놓았다고 생각하며 기분 좋게 아래로 내려갔다. 그때 어떤 사람이 약한 형제를 내동댕이치는 모습이 보였다. 마침 옆에 있던 담이 무너져 그 형제가 묻히고 말았다.

그 형제가 힘겹게 빠져나와 자기 사정을 얘기하였으나 그는 막무가내로 윽박질렀다. 그 약한 형제가 어쩌면 내 모습 같다는 생각이 들었다. 하지만 내 힘으로 어쩔 수 없다는 생각이 들어 그냥 길을 재촉하였다.

그리고 얼마 후 내가 살고 있는 집에 도착하였다. 그런데 이게 어찌 된 일인가? 단칸 셋집에 방문이 활짝 열려 있었고, 방안은 그야말로 난장판이었다.

값어치 나가는 물건은 노트북 하나와 언젠가 어머니가 생일 선물로 사 준 1돈짜리 금반지가 전부였다. 그것이 없어진 것은 물론, 가재도구도 보이지 않고 종이 쪼가리만 흩날리고 있었다.

나는 이미 쫄딱 망한 적이 몇 차례 있었던바, 또 망하게 되어 재기불능이라는 생각이 들었다. 실의에 빠져 망연자실하고 있을 때, 저만큼 떨어진 곳에서 여동생이 지켜보다가 힘을 내라고 격려하였다.

그리고 얼마나 지났을까? 다시 단칸방 셋집에서 글을 쓰고 있는 내 모습이 보였다. 그러고 보니 3번째 망하고 4번째 재기한 상태였다.

이는 밤새 잠을 이루지 못하다가 새벽녘에 겨우 잠이 들어 본 환상이다. 앞으로 얼마나 더 어려움이 있을지 모른다는 생각에 종일 마음이 뒤숭숭하였다.

그러나 주일 새벽에 본 환상은 고무적이었다. 사업 계획에 따라 공문을 작성한 '봄날 규정'이 그 공문을 책상에 올려놓고 결재를 기다리고 있었다.

최초 계획 지시부터 최종 집행 지시까지 수십 건의 공문을 한 묶음으로 작성하여 이미 결재를 올린 것으로 보였다. 공문 목차만도 A4 용지로 1장이 넘었다.

얼마 후 비로소 결재가 난 것으로 보였다. 그가 기쁜 마음으로 결재 일자만 비워 놓은 공문에 날짜를 기록하고, 간혹 수정된 부분을 정정하였다.

게다가 맨 나중에 결재 난 공문이 예산을 승인하고 배정한 서류였는 바, 즉각 사업이 시행될 것으로 보였다. (2014. 4. 2)

1257. 고마운 친구

눈에 보이지 않는 어떤 힘이 나를 밀 까부르듯 하였다. 급기야 흩어져 사는 내 가족들까지 힘들게 만들었다. 기도하는 가운데 살펴보니, 그 모든 것이 내 허물 탓이었다.

나에 대한 징계를 내 가족에게 전가하여 그 짐을 나누려는 의도가 분명하였다. 고맙기는 하였으나 한편으로 마음이 편치 않았다. 그들에게 진 빚이 더욱 가중되었기 때문이다.

그때 내 어린 딸이 안절부절못하고 찾아왔다. 자기 나름대로 무슨 문제를 찾아 해결하려고 하였으나, 그게 여의치 못한 것으로 보였다.

다행히 내 딸보다 어린 여자아이가 뒤에서 도와주고 있었다. 잠시 후 책상 위에 놓인 너절한 것들이 큰 가방과 서랍에 개켜 들어가고 어느 정도 정리가 되었다.

그리고 나는 무작정 차를 몰고 달렸다. 왕복 2차선 시골길을 달리다가 중앙선을 넘어 반대편으로 들어갔다. 저 멀리 맞은편에서 달려오는 차가 보였다.

앞차를 추월할 수도 없었고, 속도를 늦추어 내 차선으로 들어갈 수도 없었다. 다행히 맞은편 버스정류장에 주차할 공간이 있었다. 거기 들어가 차를 세웠다.

그때 맞은편 골목길에서 경찰차가 나왔다. 내 차를 보고 멈추었다. 한 경찰관이 내리더니 나에게 다가왔다. 여차여차해서 그렇게 되었다고 설명하였더니, 그는 자기 일처럼 생각하며 도와주었다.

경찰관이 너저분한 내 물건을 말끔히 정리하여 주었다. 그리고 서울에 있는 교수에게 직접 전화를 걸어 사실 관계를 확인한 뒤 미비한 서류까지 챙겨주었다.

그때 내가 서류를 하나 꺼내 서명하고 사인하자, 그가 열쇠를 달라고 하였다. 그래서 열쇠 꾸러미를 주었더니, 그중에 하나를 골라 내가 사인한 아래쪽에 능수능란한 솜씨로 수십 차례 인장을 찍었다.

그리고 보니 그 열쇠에 글자가 새겨져 있었고, 인장으로 사용되었다. 내가 사인한 것을 보증하고 확인한 것으로 보였다. (2014. 4. 4)

1258. 영적 살인자

한동안 쉬다가 직장에 들어갔더니 마침 체육 시간이었다. '마지막 덕성'이 옷을 벗으며 겸연쩍게 말하였다.

"그동안 방황하다가 살인까지 저질렀다면서?"

그 말을 듣고 보니 내가 힘들게 산 것은 맞지만, 살인이라는 말은 도저히 이해가 되지 않았다.

"살인이라니, 대체 무슨?"

"결재가 났다고 들었어. '거룩한 은혜'가 결재받을 때 그분이 '이렇듯 어수룩한 사람이 최고의 연합 고시에 합격할 줄이야!'라고 했다는 거야."

그는 마치 내가 부럽기라도 한 듯이 그렇게 말하고 밖으로 나갔다. 그러고 보니 살인이라는 말은 반어적 표현이었다.

사실 얼마 전 나는 사직서를 제출하고, 결재권자의 결재가 떨어지기를 기다리고 있었다. '마지막 덕성'은 내 팀장이고, '거룩한 은혜'는 내 부서장이며, 결재권자는 내가 속한 기관의 장이었다. 모두가 믿지 않는 사람들이었다.

이 환상을 보고 묵상할 때, 의미심장한 하나님의 계시가 있다는 사실을 발견하고 감사드렸다. 이제까지 나는 하나님의 영성이 아니라, 세상의 덕성과 짝하여 세상의 은혜를 사모하며 살았다.

그러다가 주님의 징계로 그 사실을 깨닫고, 그에 대해 깊이 회개하게 되었다. 그가 비록 세상의 권세자이기는 하였으나, 그에 의해 하나님의 뜻이 이루어졌다는 것이다.

하지만 나는 심한 우울증과 대인기피증으로 알게 모르게 영적 살인을 저질렀으며, 그것도 어린 딸과 아들 등에게 더욱 무관심했다는 사실이었다.

그러나 천만다행히 그로 인해 내 믿음은 진일보하였으며, 이 세상 권세자도 부러워하는 최고의 연합 고시에 합격하게 되었다. 그 고시는 두말할 것도 없이 사역자를 위한 하나님의 시험이었다.

이렇듯 세상의 덕성과 은혜를 사양하는 회개를 통하여, 하나님의 사역자로서 맡기신 사명을 온전히 감당하게 되었으며, 더욱 용기를 얻어 하루의 일과를 새롭게 시작하였다. (2014. 4. 8)

1259. 거지 가족

　절단된 다리가 허공에 매달린 채 어느 병실에 누워 있었다. 점심시간이 되었다. 의사와 간호사들이 모두 빠져나간 텅 빈 병실에 나만 홀로 남았다.

　그때 누군가 내 옆에서 말동무가 되어 주었다. 그런데 그들이 거지 가족이라는 사실을 알고, 나는 그들을 애써 외면하였다. 나를 귀찮게 할까 싶어 두려웠기 때문이다.

　오후 1시가 지나도 병원 직원들이 나타나지 않아 다소 불안하였다. 그때 내 옆에서 거지 가족이 나를 안심시켜 주었으나, 나는 그들이 귀찮게만 여겨졌다.

　그러다가 2시가 되어 간호사가 들어오고 의사가 들어오더니, 맨 나중에 병원장이 들어왔다. 그가 지나쳐 가려고 하다가 나를 보고 걸음을 멈추었다.

　그리고 절단된 다리 수술 자국에 소독솜을 문질러주면서 이제 다 되었다고 하였다. 그러고 보니 다리에 문제가 있었던 것이 아니고 의족이 고장 나서 병원을 찾았던 것이다.

　어처구니없었지만 그냥 나오기가 멋쩍어 원장에게 한마디 물었다.

　"이제 의수족센터로 가면 되나요?"

　"그런데 30만 원이나 40만 원이면 충분하니 그 이상 요구하거든 하지 마세요."

　그리고 복도로 나가 신발을 신고 안경을 끼려고 하였는데, 코에 거는 부분의 나사가 빠져 있었다. 게다가 자기 것이 아닌 다른 나사가 삐죽 튀어나와 있었고, 반대편을 조이는 보도도 없었다.

하지만 그 나사가 조금 길다가 보니 보도가 없이도 빠지지 않고 얹혀 있었다. 그래서 불안하였지만, 아쉬운 대로 코에 걸치고 다닐 수 있었다. 그리고 의수족센터와 안경점을 다 가려고 하였다.

그때 언제 나타났는지 그 거지 가족이 내 옆에서 나를 격려하였다. 그리고 나와 동행하려는 눈치였다. 그래서 그들을 떨쳐버리려고 인상을 쓰면서 똑바로 쳐다보았다.

그런데 그들은 의복만 남루하였지 속사람은 거지가 아니었다. 늘씬한 키에다 미모의 30대 초반 어머니가 두세 살 정도의 아기를 안고 있었으며, 그 옆에 말을 잘하는 대여섯 살 정도의 깜찍하게 생긴 딸도 있었다.

그들의 외모만 보고 거지 가족이라 외면한 내가 부끄러웠다. 그들과 함께 병원에서 나와 보도블록을 걸어가는데, 그들이 내 시름을 달래주었다. 특히 딸이 내 옆에서 나란히 걸으며 내게 힘을 북돋워 주었다.

가뜩이나 내성적인 성격에 늘 우울하게 지내는 내 마음을 아주 즐겁게 해주었다. 그래서 내가 결심하고 말하였다.

"그래, 나와 함께하겠다는 말이지?"

"그럼요! 우리를 받아주시니 감사해요!"

어린 딸이 단숨에 대답하였다. 그래서 내가 다시 말했다.

"그래, 이제부터 한 가족으로 살자."

"공동체 가족을 말하는 거죠?"

아기를 안은 자매가 처음으로 입을 열어 다소 어색한 듯 물었으나, 나는 그 말에 선뜻 대답하지 못했다.

그때 서울 신설동 로터리로 보이는 모서리에 안경점이 있었다. 그 입구에 들어섰으나 좁고 이상하였다. 층계의 높이도 이상하고 조명도 어두컴컴했으며, 이상한 찬양 소리까지 들려 더욱 어울리지 않았다.

그런데 그 자매는 그곳을 잘 아는 듯 앞장서 2층으로 올라갔다. 그래서 뒤따라갔다. 아닌 게 아니라 어둑어둑한 안경점에서 이상한 찬양 소리가 울려나왔다. 영업을 중단하고 이단들이 집회를 갖는 듯하였다.

그러나 자매는 서슴없이 안으로 들어가 내실로 보이는 문까지 열고 안경 주인을 찾았다. 주인이 안 보여 서성거리고 있을 때, 안에서 인기척을 듣고 한 자매가 나왔다. (2014. 4. 11)

1260. 어지럼증

며칠 전에 심한 어지럼증으로 병원을 찾았다. 작년에 이어 2번째다. 속이 메슥거리고 머리가 빙빙 돌아 가만히 있을 수가 없었다. 부정맥에다 빈혈에, 불규칙적인 혈압에, 무엇인가 중병이 생긴 것으로 보였지만 그 원인을 몰랐다.

의사에게 이것저것 아는 데까지 말했더니 의사가 물었다.

"식사는 제대로 합니까?"

"무슨 심한 일을 오래 했습니까?"

"스트레스를 많이 받습니까?"

"안경을 벗고 눈을 떠 보세요."

그리고 작은 플래시를 눈에 비추며 말하였다.

"육안으로 뇌에 손상이 온 것으로는 보이지 않습니다. 우선 원무과에 가서 결제하고, 피 검사하고, 심전도 검사하고, 주사와 링거를 맞으세요. 그리고 5일 치 약을 줄 테니, 약을 먹어도 계속 그런 증상이 있으면 다시 오세요."

그리고 링거를 맞고 있을 때, 의사가 심전도 결과를 들고 와서 말하였다.

"부정맥도 약간 있고 허혈심장병이 있습니다. 그리고 뇌 신경에 이상이 있는 것으로 보이니, 머리를 많이 쓰는 일은 하지 마세요. 네?" (2014. 4. 14)

1261. 귀신의 변신

악령에 시달리다 깨어나 보니 0시 40분, 이후 잠을 이루지 못하다가 새벽녘에 2번의 꿈을 꾸었다.

어두컴컴한 재래식 부엌으로 들어가는 계단에 앉아 의족을 착용하고 있었다. 손으로 더듬으며 우선 속 스타킹을 찾아 신었다. 이어서 실리콘과 겉 스타킹을 신고, 의족을 들고 구멍에 철커덕 끼웠다.

그리고 양말을 신고 바지를 내렸다. 무섭기는 하고, 왜 그리 시간은 긴지 지겨웠다. 얼마 후 일어나면서 소리를 꽥 질렀다.

"더러운 귀신아, 썩 물러가라!"

그때 어머니가 방과 부엌 사이로 난 작은 쪽문을 열고 부엌으로 나오며 말했다.

"아들이 아프단다."

그러고 보니 오래전에 세상을 떠난 동생이 방안에서 나뒹굴며 이상한 소리를 내고 있었다. 머리끝이 삐죽 솟구치는 살기가 있어 부엌문을 박

차고 나오며 소리쳤다.

"악한 귀신아, 썩 물러가라!"

그때 보니 밖에도 살기가 있었다. 아닌 게 아니라 왼쪽 처마 밑 어두침침한 곳에 흐릿한 귀신이 서 있었다. 다시 소리를 질렀다.

"우리 주 예수 그리스도 이름으로 명한다! 더러운 귀신아, 썩 물러가라!"

그러자 그 귀신이 어머니가 있는 부엌으로 쑥 들어갔다. 부엌 안을 들여다보니 돌아 서 있는 어머니 옆에 그 귀신이 있었다. 어머니의 뒷모습을 보는 순간, 그 역시 어머니로 가장한 귀신임을 알게 되었다.

게다가 방안에서 괴상한 소리를 내던 동생도, 동생으로 가장한 다른 귀신이라는 사실을 깨달았다. 내 주변이 심각하다는 생각이 들었다. 젖먹은 힘까지 다해 다시 소리를 질렀다.

"우리 주 예수 그리스도 이름으로 너희에게 명한다! 악하고 더러운 귀신아, 썩 물러가라!" (2014. 4. 14)

1262. 친구의 유혹

그리고 새벽까지 잠을 이루지 못하다가 다시 꿈을 꾸었다. 자주 다니는 길에 웅덩이가 생겨 보수하겠다고 약속하였다.

"흙을 한 차 실어다 넣고 시멘트를 발라 평편하게 하겠습니다."

그러나 아무것도 가진 것이 없었다. 재료가 있는 것도 아니고 장비와 도구도 없었다. 그 일을 감당할 돈도 없었다. 모든 것이 막연하였다.

그러다가 '다시 사용'이라는 친구를 만났다. 그가 집수리를 하고 있었다. 그에게는 모든 것이 다 갖추어져 있었다. 시멘트와 모래며 페인트와 붓 등 모든 재료와 도구가 있었다.

그 친구가 공사를 마칠 때까지 기다리기로 하였다. 그가 쓰고 남은 것을 내가 가져다 쓸 참이었다. 비록 말은 하지 않았지만, 이심전심으로 문제가 없었다.

얼마 후 그가 수리를 마쳤다. 그때 '용기'와 '찬양'이 와서 그들이 가진 돈을 다 내놓으며 말하였다. 그들도 내 친구였다.

"가지고 있는 돈을 다 여기에 내놔!"

"왜?"

"일단 돈을 보여주고 한판 붙어야지. 싹쓸이할 수도 있어!"

"안 돼! 나는 안 해! 이제까지 단 한 번도 이겨본 적이 없어. 게다가 나는 가진 돈이 없어."

그리고 '다시 사용'에게 확인 차 물었다.

"이거 다 가지고 가도 되지?"

"물론, 저녁 7시에 골마을로 와."

"왜?"

"이제 일도 끝났으니 한 판 해야지."

"아니, 나는 안 해. 한 번도 이겨본 적이 없어."

그리고 옆에 있는 동생에게 말하였다.

"이걸 다 차에다 실어. 이제부터 우리가 공사를 해야지." (2014. 4. 14)

1263. 빠삐용

시장에서 허구한 날 빈둥거리는 사람을 보고 상가 여인들이 조롱하는 소리가 들렸다. 그때 나도 시장을 배회하고 있었는바, 양심의 가책을 느끼고 순례를 시작하게 되었다.

그러나 나도 모르는 사이에 어떤 웅덩이에 빠져 있었다. 콘크리트 옹벽으로 된 깊은 구덩이였다. 손을 위로 쭉 뻗어야 겨우 언저리를 잡을 수 있었다.

그때 제2차 세계대전 당시 독일군에 의해 콘크리트 벙커에 던져져 순교한 막시밀리안 마리아 콜베(Maximilian Maria Kolbe, 1894-1941) 폴란드 신부님이 생각났다.

웅덩이 밖에서 아기를 업은 한 자매가 발을 동동 구르며 어떻게든 빠져나오라고 재촉하였다. 나와 함께 순례하는 여인이 틀림없어 보였다.

그래서 손을 위로 쭉 뻗어 난간을 잡고 턱걸이하듯 발버둥을 쳤으나 내 몸이 무거워 올라갈 수 없었다. 자매가 한 팔을 잡아주기는 하였으나 별 효과가 없었다.

주변의 풀이며 흙, 무슨 껍질이 붙은 판자때기 등이 있어 끌어당겨 보았으나, 내 몸이 올라가는 것이 아니라 그것들이 모두 내 앞으로 끌려왔다.

그야말로 젖 먹은 힘까지 다해 용을 써 보았으나 내 무거운 몸뚱이는 조금도 올라가지 않았다. 그때 보니 웅덩이 안에 1m쯤 되는 통나무가 있었다.

그래서 그 나무를 구석에 세우고 옆에 붙은 공이를 발판으로 삼아 올라갔으나, 1m쯤 툭 튀어나온 난간이 있어 허사였다. 난간이 없는 곳에 나무를 놓고 올라가려고 다시 시도하였으나 그것도 소용이 없었다.

그때 이미 늦었으니 애를 쓰지 말라고 충고하는 사람들이 옆에 있었다. 그들은 도와줄 생각은 하지 않고 그러는 내 모습이 안쓰럽다는 듯이 쳐다보았다. 아닌 게 아니라 자매는 이미 떠나갔고, 바깥으로 나가는 철문도 굳게 닫혀 있었다.

어느덧 밤이 되어 주변이 어두컴컴하였다. 그때 난공불락의 철옹성처럼 보이던 그 웅덩이 바닥이 위로 솟구쳐 있었다. 난간을 그냥 걸어서 사뿐히 넘어갈 정도였다.

그래서 그곳을 빠져나가려고 하였더니 사람들이 나가지 말라고 말렸다. 오히려 그 웅덩이가 안전하다는 것이었다. 잠시 화장실을 다녀온다고 하면서 슬그머니 그곳을 벗어났다.

그때 감시자가 있을지 모른다는 생각이 들어 오른쪽 겨드랑이에 목발을 끼워 집고, 일부러 절뚝거리며 화장실을 향해 걸어갔다. 누가 목발을 주었는지 몰랐으나 그에 신경 쓸 여유가 없었다.

마침 젊은 여인 2명이 지나가다가 화장실로 들어가는 모습이 보였다. 멈칫하며 보니 남녀 공용이었다. 그들을 뒤따라 들어갔다.

나는 화장실 창문을 통해 그곳을 빠져나갈 속셈이었다. 그런데 그곳을 벗어나도 밖으로 나갈 방법이 없다는 절망적 생각이 들었다. 사방이 바다로 둘러싸여 파도가 치는 모습이 어른거렸기 때문이다.

그때 그곳이 외딴 섬처럼 느껴졌다. 1973년 프랑스 영화의 주인공 빠삐용(Papillon) 같은 신세가 되었다는 생각이 들어 눈앞이 캄캄하였다.

(2014. 4. 23)

1264. 모험의 학교

오랫동안 여행을 하고 있었다. 그동안 크고 작은 여러 난관을 지나왔던바, 웬만한 고난이 닥쳐도 무덤덤하였다. 늘 동생을 업고 다녔지만, 그 또한 당연한 것으로 여기며 별 부담을 느끼지 않았다.

그런데 마지막 난코스가 눈앞에 다가와 있었다. 손가락 한 마디만 겨우 들어갈 정도의 좁은 틈새를 잡고 강을 건너야 했다. 그제야 등에 업힌 동생이 부담이 되었다. 늘 한 손으로 등에 업힌 동생을 잡아주었으나, 이제 그럴 여유가 없었다.

"나를 꼭 잡아라. 이 강을 건너야 한다."

"알았어."

그리고 높은 난간에 매달려 이리저리 몸을 돌리며 옆으로 이동하기 시작하였다. 아래쪽에 시퍼런 물길이 보였으나 큰 어려움은 없을 것으로 여겨졌다.

그런데 조금 나아가다가 의심이 생겼다. 잡고 있는 난간이 무슨 목제 가구 같다는 생각이 들었다. 순간 난간이 힘을 받지 못하고 앞으로 당겨 오거나 엎어질 수 있다는 느낌이 들었다. 아닌 게 아니라 내 몸이 뒤로 벌렁 자빠지는 듯하였다.

그러나 한편으로 어딘가 모르게 믿음이 있었다. 아무튼 우리는 구원을 받을 것이고, 안전하게 강을 건널 것이라는 확신이 들었다. 그때 강은 더욱 좁고 거리는 가까워 보였다. 그래서 왼발을 박차며 옆으로 힘차게 나아갔다.

그러자 발이 강 옆으로 난 부두처럼 보이는 시멘트 바닥에 닿아 힘을 받쳐주었다. 그렇게 몇 번을 발로 차고 나아갔더니, 어느덧 우리는 강 건너편에 서 있었다.

저만큼 떨어진 곳에 안내원이 서 있어 그에게 다가갔다. 이것저것 물어보다가 그가 큰 회사 직원이라는 사실을 알고, 등에 업힌 동생에게 그를 소개해 주려고 하였다.

동생도 그 회사에 다니고 있었는바, 서로 도움이 될 듯이 보였기 때문이다. 그래서 동생이 내 등에서 내려와 그와 이야기를 나누었다. 이후 나는 동생을 업지 않았다.

그리고 크고 작은 여러 학교에서 무슨 행사를 주관하였다. 그중에 2개가 우수 학교로 선정되었다. 그 학교는 건물도 작고 운동장도 비좁았으나, 햇볕을 피해 쉴 만한 공간이 한편에 마련되어 있었다.

하지만 다른 학교는 건물도 크고 운동장도 컸으나, 운동을 하다가 햇볕을 피해 쉴 만한 공간이 없었다. 다행히 우리 학교는 그 두 개의 우수 학교에 끼어 있었다. (2014. 5. 1)

1265. 흉터의 예술

그동안 잊고 지내던 여러 비정상적 박힘이 있어 뽑아내기 시작하였다. 목제도 있고 철제도 있었으며, 손가락에 탱탱 감긴 반창고도 있었다.

목제에 박힌 것은 쉽게 제거되었으나 철제에 박힌 것은 쉽게 빠지지 않았다. 그래서 평소 우리 교회 일을 봐주는 맥가이버(MacGyver) 집사에게 물어보았더니 그가 말했다.

"망치로 살짝 때리면 금방 빠져요."

그리고 손가락에 붙어 있는 반창고를 떼어 보니, 상처는 이미 나았으나 언젠가 예리한 무엇에게 베인 흉터는 그대로 남아 있었다. 그런데 그 흉터가 무슨 예술 작품같이 느껴졌다. (2014. 5. 18. 주일)

1266. 익일 우편물

무엇인가 급히 보낼 우편물이 있었다. 어쩌다 시간을 놓쳤다. 그때 누군가 옆에 있다가 일러주었다.

"우체국에 가서 사정을 얘기하면 받아 줄 수도 있어요."

그 말을 듣고 서둘러 차를 몰고 달리기 시작하였다. 지하철역이 있는 어느 로터리에서 차를 돌리다가 옆 건물 입구에 앉아 있는 우체국 아가씨가 보였다.

거기 평소 보지 못한 우체국도 있었다. 어쩌면 멀리 가지 않고 우편물을 보낼 수 있다는 생각이 들었다. 차를 길가에 세우고 사정을 얘기하자 보낼 수 있다고 하였다.

그래서 그 자매에게 우편물을 건네주었다. 마침 중년의 여성이 우체국 안으로 들어가고 있었다. 자매가 우편물을 그 여성에게 건네주며 뭐라고 하자 대뜸 받아 건물 안으로 들어갔다. 그때 자매가 말했다.

"저분이 담당인데, 오늘 자로 접수해주기로 하셨어요."

그때 스마트폰에서 메시지가 울렸다. 익일 특급 우편물로 접수되었다는 통보였다. 시간을 보니 오후 7시 반이었다. 주님의 은혜가 참으로 고마웠다. (2014. 5. 18. 주일)

1267. 씁쓸한 여운

'마지막 규정'이라는 친구가 내 옆에서 이런저런 일을 도와주었다. 그때 무엇인가 잊어버린 게 있어 혜택을 받지 못하는 것도 있었다. 하지만 그건 대수가 아니었다. 미련 없이 포기하고 비탈진 골목길을 오르기 시작하였다.

그때 길가 여기저기에 무엇을 널어놓은 것이 있어 곡예 운전을 하였는데, 그 일부가 차에 밟히고 말았다. 거기 옹기종기 모여 있던 할머니 가운데 한 사람이 뭐라고 하였다. 가만히 있으면 안 되겠다 싶어 다가가 소리를 질렀다.

"누가 먼저 잘못했는지 한번 따져보실 겁니까?"

그러자 할머니는 고개를 푹 숙이고 더 이상 말하지 않았다. 그래서 친구들과 함께 식사하려고 언덕길을 마저 올라갔다. 산마루에 아는 식당이 있었다. 그런데 술집으로 바뀌었다. 주차장에 차를 세우고 잠시 망설였다.

그때 주차장 옆 식당에서 손님들이 감자로 만든 음식을 맛있게 먹고 있었다. 그 모습을 보고 '마지막 규정'이 침을 삼키는 모습이 보였다. 마침 잘 되었다 싶어 말했다.

"우리 저 집으로 들어갈까?"

그러자 '평범한 돌'이라는 친구가 말하였다.

"아니, 내가 아는 집으로 가자."

그가 말한 집이 바로 인근에 있어 그리로 갔다. 야외에 마련된 테이블에 앉아 식사를 하려고 할 때 한 친구가 말했다.

"친구들이 지하철역까지 왔다고 하니 얼른 가서 데려와."

그래서 내가 일어나 가려고 하였더니, 벌써 그 집 대문 앞에 친구들이 들어오고 있었다. 그중에 하나는 '무기의 도'라는 친구였다.

자리를 정돈하고 다시 자리에 앉았더니, 줄곧 내 우편에 앉아 있던 친구들이 하나도 보이지 않았다. 내가 가장 우편에 있었다. 친구들이 모두 내 좌편으로 이동하여 앉았다. (2014. 5. 18. 주일)

1268. 용서의 복수

고양이 3마리가 닭장에 들어가 애지중지 키우던 병아리 9마리를 잡아먹었다. 고양이망으로 우선 1마리를 사로잡았다. 막상 잡기는 하였으나 어떻게 처리해야 할지 고민이 되었다.

"오, 주여! 이 고양이를 어떻게 해야 좋을까요?"

그리고 우선 새미 장갑을 끼고 자루에 담았다. 그런데 자루를 뚫고 대가리가 삐죽 튀어나왔다. 놓치면 안 되겠다 싶어 모가지를 발로 꽉 밟았다.

고양이에 물리거나 할퀴지 않으려면 그럴 수밖에 없었다. 전에 신사적으로 고양이를 잡다가 할퀸 자국이 오른쪽 손목에 그대로 남아 있다. 그때를 생각하니 섬뜩하였다.

얼마 후 고양이가 아가리를 떡 벌리고 혓바닥을 쭉 내밀며 죽었다. 송곳니는 여지없이 호랑이 새끼였고, 입천장은 큰 뱀처럼 시뻘겋게 주름진 것이 정말 끔찍스러웠다. 소금 자루에 다시 담아 강가에 갖다 버렸다. 처음으로 고양이를 죽여 보았다.

그리고 또 망을 놓았더니 1마리가 더 잡혔다. 저녁이 되어 그대로 두고 잠을 잤다. 기분이 영 좋지를 않았다. 잠을 설쳤다. 새벽에 일어나 기도하는 가운데 주님의 계시가 있었다.

"사기를 쳐라!"

"주님, 저는 이제까지 나름대로 양심껏 살아왔습니다. 숱한 사기를 당했으나 제가 사기를 친 적은 없습니다."

"그러니 사기를 쳐야 한다!"

"그러면 무엇을 어떻게 치면 될까요?"

"너는 이미 그 답을 알고 있다."

그때 인터넷에서 어떤 네티즌이 쓴 글이 보였다.

'칠 수 있는 사기는 다 치고…'

"하루에 3,000번이면 되겠습니까?"

그러자 더 이상 주님의 말씀이 없었다.

"할렐루야! 2014년 5월 27일 화요일 아침, 오늘도 이렇듯 좋은 날 주셔서 감사합니다. 이 부족한 종을 통해 주님의 영광을 드러내시니 감사합니다!"

그때 일찍이 경험하지 못한 짜릿한 감사가 솟구치기 시작하였다. 그러고 보니 사기(謝氣)를 사기(詐欺) 쳐라는 주님의 계시로 느껴졌다.

정말 이제까지 감사를 까맣게 잊고 살았다. 언젠가 감사하며 살다가 감사하며 죽겠다고 다짐한 기억이 났다. 감사할 일이 없어도 사기 치듯 감사하라는 주님의 뜻으로 다가왔다.

"그래, 하루에 3,000번 감사하다고 사기를 치자! 할렐루야! 주님을 찬양합니다!"

그러자 그동안 의기소침한 사기(士氣)가 되살아남을 느꼈다.

"할렐루야! 주님의 말씀대로 사기(謝氣)를 사기(詐欺) 치니 사기(士氣)가 충만합니다!"

그리고 밖으로 나가 안전한 닭장으로 남은 병아리를 옮긴 후, 바닷가 옆에 있는 산으로 올라가 잡은 고양이를 놓아주며 말했다.

"하나님께 감사하라! 하나님께서 너를 살려주셨다!"

그러자 고양이가 나를 힐끗 쳐다보며 수풀 속으로 펄쩍 뛰어들어갔다. 혹시 하나님께서 내 생각대로 그대로 두셨다면 자루에 담아 패대기를 치고 대가리를 짓이겨 죽였을지도 모른다. 병아리 9마리에 대한 복수를 처절하게 했을 것이다.

그런데 그 고양이도 하나님께서 지으신 피조물이라는 사실과, 그렇게 살도록 지어진 존재라는 생각을 하나님께서 주셨던바, 차마 그렇게 할 수가 없었다.

그리고 집으로 돌아오자 내 마음속에 평화가 깃들었고, 또 다른 감사가 우러나왔다.

"오, 주여! 이것이 바로 사기를 치듯 감사하고, 그렇게 감사함으로 사기를 높여주시는 하나님의 뜻이었습니다! 할렐루야! 주님을 찬양하고 감사합니다." (2014. 5. 26)

1269. 미련퉁이

무작정 무턱대고 하염없이 포레스트 검프(Forrest Gump, 1994년 미국 영화 주인공)처럼 달렸다. 거기가 어딘지 몰랐다. 눈을 감고 있었다. 눈을 뜨고 싶었지만, 너무 힘들어 그러기가 싫었다.

어느 바닷가를 달리고 있었다. 길을 벗어나 물에 빠질지 모른다는 생각이 들었다. 눈을 떴다. 자갈밭이었다. 맨발이었다. 발이 아팠다. 더 이상 달리기가 힘들었다.

비싸지 않고 가벼운 실내화 같은 운동화 한 켤레만 있었으면 좋겠다는 생각이 들었다. 흐느적거렸다. 비틀거렸다. 쓰러질 듯했다. 그때 내 두 다리를 보고 깜짝 놀랐다. 그래도 감사하였다. (2014. 6. 19)

1270. 침체의 늪

한동안 침체의 늪에 빠졌다. 이날 이때까지 살아오면서 숱한 경험을 하였던바, 주님의 징계라는 사실을 익히 알고 있었다. 하지만 소인배의 성격은 자 자신도 어쩔 수가 없었다.

우여곡절 끝에 주님의 은혜로 보령 땅과 울진 땅을 모두 팔아 1,600만 원의 빚을 갚았다. 하지만 카드론 같은 급전도 다 갚지 못했다.

매달 140여만 원의 연금이 들어오지만, 기본적으로 280만 원이 빠져나가 오히려 140만 원의 빚이 늘어나는 형편이었다. 어찌 마음이 편할 수 있겠는가? 정녕 주님의 은혜가 여기까지란 말인가? 이런 의심이 꼬리를 물고 일어났다.

더 이상 돈이 나올 구멍이 없어 연평 집이 팔릴 때까지 빚을 내어 빚을 갚아야 한다고 생각하니 절망스러웠다. 2013년 11월, 보령 땅을 살 때까지 없던 빚이 8개월 만에 2,000만 원 가까이 늘어났다. 빚이 빚을 낳는 악순환의 망령이 되살아났다. 정말 힘들었다.

게다가 청소년 시절의 부덕함까지 되살아나 못난 자아를 더욱 부추겼다. 입맛이 떨어져 소화가 안 되고 속이 더부룩했다. 소화제와 현탁액을 먹으며 하루하루를 버텼다.

순간순간 시름을 달래며 살얼음판을 걷고 있던 우울증까지 다시 튀어나와 의욕이 사라지고 벙어리가 되었다. 하루하루 살아가는 것이 정말 무의미하게 느껴졌다.

초저녁에 잠시 눈을 붙이면 한밤중에 일어나 밤을 꼬박 새우곤 하였다. 그러다가 며칠 전 새벽에 밖으로 나가며 중얼거렸다.

"그야말로 내 죄도 수미산(須彌山, 우주의 중심에 있다는 가장 높은 산)을 넘는구나. 내가 어찌 구원을 받겠는가?" (2014. 6. 26)

1271. 만나의 은혜

이날 오후 피곤하여 자리에 누웠다가 순간적으로 또렷한 환상을 보았다. 하늘에서 눈 같은 것이 내려 밖으로 나가 보았다. 계절상 초여름이라 텃밭에서 자라는 옥수수며 참깨며 고추며 고구마며 대파며 콩이며, 모두 싱그럽게 자라고 있었다.

닭장 옆에 서서 사방을 두루 살펴보았다. 그런데 흰 쌀가루 같은 것이 하늘에서 내리는가 싶더니 순간적으로 온 세상을 뒤덮었다. 푸른 식물은 온데간데없이 사라지고 아무것도 보이지 않았다.

텃밭의 식물뿐만 아니라 닭장의 닭들도, 과수원의 나무들도, 저 멀리 보이는 산봉우리까지 세상이 온통 하얗게 변하였다. 혹시나 하고 뒤돌아 집을 보았으나 마찬가지였다. 온 천지가 모두 새하얗게 변해 있었다.

"이게 어찌 된 일인가? 세상이 갑자기 하얗게 변하다니. 그야말로 딴 세상이 되었지 않은가?"

그때 고린도후서 5장 17절 말씀이 생각났다.

'보라! 이전 것은 지나갔으니 새것이 되었다!'

그리고 다음날 새벽, 기도하는 가운데 곰곰이 생각하였다.

'그게 무엇일까? 분명히 하늘에서 내리기는 하였으나 눈은 아니었고. 쌀가루? 그것도 아니었어. 솜처럼 아주 부드러웠어. 하지만 솜도 아니었어.

그래, 그러고 보니 만나였어. 하나님께서 하늘 양식을 내려주신 거야. 호구지책에 사로잡힌 나를 걱정하지 말라고 일깨워주셨어. 아, 하나님의 은혜가 참으로 크고 놀랍지 않은가? 만나의 은혜가 얼마나 공평한가?"

그때 맑고 밝은 새 기운이 조용히 임하여 나를 감싸주는 듯하였다. 주님의 따뜻한 손길이 나를 어루만지고 계심이 분명하였다. (2014. 6. 26)

1272. 평생교육원

어린 여자아이 하나가 있었다. 체구가 작아 늘 걱정이 되었다. 사람들이 콩이라 불렀다. 작지만 똘똘했기 때문이다. 콩이 치마를 입고 학교에 가는 모습이 보였다.

작은 계단도 못 넘을 것으로 보였으나, 거침없이 계단도 넘고 도랑도 건너 언덕을 올라가는 모습을 보고 어느 정도 안심이 되었다.

그리고 나도 학교에 갔다. 복도를 걸어가며 교실을 살펴보았다. 아이들과 어른들이 함께 있었다. 출입구가 가까운 교실에는 사람들이 북적거렸으나, 맞은편 출입구 쪽으로 갈수록 사람들이 적었다.

그때 내가 입고 있는 양복바지가 얇아 춥고 거추장스러웠다. 교실 마룻바닥을 보니 더욱 그랬다. 따뜻하고 편한 캐주얼로 갈아입었으면 하였다.

사람들이 북적대는 교실에 내 가방이 있었다. 들어가 평상복으로 갈아입고, 더블 백에 물건을 챙겨 어깨에 둘러메고 다시 복도로 나왔다.

그리고 맞은편 출입구 끝에 있는 교실로 갔다. 앞쪽 왼편 책상에 여선생님이 앉아 어떤 자매와 상담하고 있었다. 다른 사람들은 마룻바닥에 앉아 음식을 먹었다. 그 가운데 놓인 철판에 파전이 있었고 다른 음식은 주변에 놓여 있었다.

그런데 일부러 비워 놓기라도 한 듯이 오른쪽 맨 앞에 자리가 있었다. 거기 짐을 내려놓았다. 중학교 입시를 위한 과외를 할 때, 내가 항상 앉던 그 자리라는 생각이 들었다.

음식은 내가 좋아하는 파전 하나면 족하다는 생각에 서둘지 않았다. 그 교실에 3학년 1반이라는 녹색 표지판이 걸려 있었다. (2014. 6. 28)

1273. 뱀과 애착

5월 말에 병아리를 가져간 사람이, 닭들이 싸워서 못 키우겠다고 하면서 6월 초에 다시 가지고 와서 말하였다.

"지난번에 사 간 닭 2마리가 며칠 알을 낳다가 안 낳아요. 벼슬이 시커멓게 옆으로 쓰러지더니 이제 다시 빨개졌어요. 묵은 닭이라 그런가 생각했어요."

"묵다니요? 작년 가을에 부화한 햇닭인데요."

"그리고 비린내가 진동해요? 왜 그렇죠?"

"글쎄요? 처음 듣는 얘긴데요. 시장에서 사 온 닭도 같이 넣었다면서요."

"예, 그중에서 4마리가 죽었어요."

"다른 닭을 섞어 넣으면 안 좋은데요."

그리고 병아리 19마리를 돌려받았다. 그런데 병이 들어 있었다. 호흡기 질환 같았지만, 자세히 알 수는 없었다. 과수원 안에 그들의 집이 있었는바, 과수원에 방사하여 농약에 노출된 듯하였다.

마이신을 4차례에 걸쳐 사다 먹였으나 병이 낫지를 않았다. 다른 닭들에게 병이 옮겨 병실을 2개나 지어 격리하고 돌봐주었다.

꺼져가는 심지도 끄지 않는 주님의 심정으로 정성을 다해 약을 먹이고 치료하였으나, 한 달이 지난 지금도 완치되지 않았다. 그동안 1마리는 폐사하고 1마리는 폐사 직전이다.

병아리를 보기만 해도 짜증스러웠다. 지난 한 달 동안 시원찮은 닭을 팔았다는 생각에 마음이 편치를 않았다. 그러다가 간밤에 꿈을 꾸고 생각하였다.

'닭을 정리하라는 뜻인가?'

밤새도록 병든 닭으로 인해 어려움을 겪었다. 고심 끝에 2개의 문제가 닭장 안에 있다는 사실을 발견하였다. 닭을 잡아먹는 뱀과 닭에 대한 애착이었다.

우여곡절 끝에 닭장 안에 있는 뱀을 잡고, 내 속에 있는 애착을 끌어내게 되었다. 그제야 닭들이 평화를 누리는 듯하였다. (2014. 7. 4)

1274. 건강한 모

'431 교훈'을 편집하다가 피곤함을 느꼈다. 교회당 바닥에 드러누워 생시 같은 꿈을 꾸었다. 어느 곳에 메마른 땅이 보였다. 가뭄 탓인지 풀 한 포기 없었다.

그때 손바닥 두께 정도의 물이 차더니 여기저기서 실오라기 같은 연약한 모가 나오기 시작하였다. 산들바람을 타고 이리저리 흔들리며 자라는 모가 보기 좋았다.

거름기가 너무 없어 약하기는 하였으나 풍족한 물로 모든 모가 하나같이 고르게 자랐다. 끝이 보이지 않는 땅에 물이 가득 찼고 모도 건강하게 자랐다.

마치 줄이라도 친 듯이 짙은 녹색 선을 그리며 금방금방 자라는 모를 바라보고 마음이 흡족하여 말하였다.

"정말 보기에 좋구나! 이제 일어나야지." (2014. 7. 13. 주일)

1275. 호모 사피엔스

내 나이 육십이 가까워 분명히 깨달은 사실은, 현생 호모 사피엔스 (Homo sapiens) 가운데 자기 배만 채우는 포유류와 부귀영화를 구하는 영장류와 이웃을 섬기며 봉사하는 인류가 있다는 것이다. (2014. 9. 4)

1276. 베짱이

지난 5일 동안 친구네 가족과 함께 즐거운 시간을 보냈다. 관광도 하고, 낚시도 하고, 밤도 줍고, 메뚜기도 잡고, 우렁이도 잡고, 옥수수도 꺾고, 깻잎도 따고, 맛있는 음식도 먹으며 하나님의 은혜를 한껏 누렸다. 하지만 그들이 예배당에서 자는 바람에 새벽기도를 소홀하게 되었다.

그들이 떠나자 영적 갈급함이 한꺼번에 밀려왔다. 연로하신 부모님을 비롯하여, 흩어져 살아가는 형제자매와 자녀들, 친인척들까지 걱정되었다. 우리 공동체의 미래와 사역도 불안하고 잠자리까지 편치 않았다.

그동안 미명에 일어나 말씀을 상고하며 교정도 보았으나 여전히 주님과의 교통이 부족하였다. 물론 육신의 피로감도 있었다. 하루 푹 자고 쉬었으나 여전히 갈급하였다.

오늘도 2시경에 잠이 깼다. 이리저리 뒹굴다가 여러 가지 환상을 보았다. 대부분 마음이 편치 않았다. 그러다가 교회 출입문 철판에 베짱이가 붙어 있는 것을 보았다.

"웬 베짱이지?"

어디서 왔는지 궁금하였으나 다시 이불을 끌어올려 덮었다. 그때 개미와 베짱이의 이솝 우화가 떠올랐다.

'베짱이라면? 그래, 게으름! 그동안 기도에 소홀했어. 그래서 영적으로 갈급했지. 아닌 게 아니라 베짱이처럼 먹고 마시고 놀기만 했어. 개미와 같이 부지런히 일하라는 주님의 메시지가 틀림없어!'

자리에서 벌떡 일어나 대충 씻고 나가 보니 4시 20분이었다. 예배당에 들어가 앉았더니 오래전에 주님과 맺은 약속이 떠올랐다.

'그래, 그때 주님 앞에서 무유골, 무유품, 무유산을 약속했지. 그러나 까맣게 잊고 수십 차례나 약속을 어겼어. 철석같이 맹세한 후 어기고, 또 맹세하고 어기기를 반복했어. 그래서 주님께서 참다못해 빚으로 깨우치게 하신 거야.

아! 그러고 보니 정말 그랬어! 그 약속을 계속 어기고 있었어. 무슨 미련이 그렇게 많은지. 다 부질없는 내 욕심 때문이야.'

그리고 기도하기 시작하였다.

"오! 주님, 연평 주택을 매매시켜 주신 것처럼 축산 논도 매매시켜 주십시오. 제가 가지고 있는 마지막 소유입니다. 아울러 제가 농사짓는 땅까지 다 정리시켜 주십시오.

이제라도 정말 주님과의 약속을 지키고 싶습니다. 제가 비로소 밭에 감춰진 보화를 찾았습니다. 제 모든 소유를 팔아 그 밭을 사게 하소서.

아울러 세상에서 가장 값진 진주도 사고 싶습니다. 제 모든 소유를 팔아 사게 하소서. 4+1 복음과 431 교훈, 청지기 이야기 등입니다. 이 하늘의 보화와 진주를 사게 하소서.

이로써 현세와 후세에 큰 귀감이 되게 하소서. 재테크와 신용카드, 예금통장까지 다 포기하게 하소서. 돌아가신 한 목사님처럼, 성 프란체스코처럼, 그들처럼 살다가 주님의 품으로 돌아가게 하소서. 아멘." (2014. 9. 25)

제42편

예술가 동산

1277. 병행 사용

나와 함께 서너 명이 칼바위가 즐비한 산을 오르고 있었다. 너무 힘들어 도로 내려가겠다고 하였더니 '재사용'이라는 친구가 따라나섰다. 그래서 평지로 내려와 그와 함께 걸었다. 그러고 보니 그는 항상 나와 함께하였다.

어느 곳에 이르자 '병행 사용'이라는 친구의 할아버지가 새하얀 모시 옷을 입고, 얼굴에 미소를 띠며 인자한 모습으로 다가왔다. 이미 오래전에 돌아가신 분이었다.

그에게 내 모습을 보이지 않으려고 어느 건물 안으로 들어갔다. 무슨 창고처럼 보였다. '재사용'이 뒤따라왔다. 그 할아버지가 건물 입구에 와서 '재사용'에게 뭐라 한마디 일러주고 돌아갔다.

그때 나는 건물 뒤쪽에 있는 계단을 오르다가 그 계단을 통째로 안고 뒤로 물러났다. 예닐곱 개의 좁은 계단으로 내 키보다 작고 무게도 가벼웠다. 그래서 뒤로 자빠지지 않았다. '재사용'이 내게 다가왔다.

새벽에 기도하면서 본 이 환상이 무엇을 의미하는지 곰곰이 생각하였다. 그 할아버지가 무엇을 가리켜 말한 것인지 분명치 않으나, '재사용' 뿐만 아니라 '병행 사용'도 가능하다는 사실을 일러준 것으로 짐작되었다. (2014. 10. 2)

1278. 악마의 천사

'정치 선행'이라는 자매와 두세 차례 선물을 주고받으며 교분을 쌓았다. 그 자매와 우선적으로 교제하다가 보니 다른 사람과 사귈 여유가 없었다.

하루는 회식이 있다는 연락을 받았다. 수요일 저녁이었다. 예배가 있었으나 어쩌다 잊어버리고 말았다. 그때 항상 내 곁을 떠나지 않는 사람이 있다가 한마디 하였다.

"그것도 1동이 아니고 2동입니다."

"1동은 어디고 2동은 어딘데?"

"1동은 여기고 2동은 역전이죠."

그리고 다음 날, 지난 저녁에 무슨 일이 있었는지 기억이 나질 않았다. 시쳇말로 필름이 끊겼던 것이다. 아닌 게 아니라 신문지로 창문을 가려 놓은 역세권 어느 2층집이 어렴풋하게 떠올랐다.

작고 허름한 선술집으로 여겨졌으나 거기서 무슨 짓을 하였는지 전혀 기억이 없었다. 담배 연기 자욱한 좁은 공간에서 술집 여자와 희희낙락하며 세상 연락을 즐기던 것이 아른거렸다. 그러다가 어찌어찌 집에 돌아온 것으로 보였다.

후회가 되었으나 돌이킬 수 없다는 생각에 금세 잊어버렸다. 그때부터 모든 것이 불안하고 하는 일마다 뒤틀린다는 느낌이 들었다.

하지만 얼마 전에도 그런 일이 있었다는 생각에 당연히 그러려니 여겼다. 이후 여러 사람이 우리 집을 방문하였으나 가급적 피하려고 하였다.

어느 날 '주의 여종'과 '세상 자식', '정치 선행'이 화투판을 벌이고 있었다. 그들이 옷을 벗고, 담요만 어깨에 걸치고, 아랫도리를 내놓고, 책상다리를 하고 고스톱을 쳤다.

그런데 돈독이 잔뜩 오른 듯 화투판에만 몰두하고 있었다. 그 모습을 보고 깜짝 놀라 '주의 여종'을 발로 차고 가슴을 짓밟으며 소리쳤다.

"이게 뭐야! 당장 집어치워!"

"내가 왜? 뭐가 잘못된 건데?"

"본을 보여야지, 본을! 본을!"

주의 여종이 쓰러지자 손바닥으로 뺨을 연거푸 후려치며 더욱 다그쳤다.

"너는 그리스도인이야, 그리스도인! 그리스도인!"

그러자 그들이 움찔하면서 자리에서 일어났다. 그러고 보니 나도 속옷만 입고 있었다. 바지를 찾아 입으려고 하였으나 보이지 않았다.

그때 아버지가 막 외출을 하려고 하였다. '이익 도래'의 어머니가 불현듯 찾아와 신고 있는 아버지의 신발을 자기 신발과 바꿔달라고 하였다.

아버지가 신발을 내주자 자기 신발을 벗고 아버지 신발을 신었다. 그리고 밖으로 나가려고 하였다. 하지만 아무래도 맞지를 않은 듯 그냥 벗어놓고 맨발로 나갔다.

그때 나는 벽에 걸린 내 바지를 발견하였다. 캐주얼이었으나 입고 보니 손님을 맞기에 지장이 없었다. 어느 정도 자신감이 생겼다.

"그래, 빗나간 '주의 여종'도, 찬양하는 '세상 자식'도, 교제하는 '정치 선행'도, '이익 도래'의 모친도 다 좋다. 누구나 와서 나와 이야기하자."

그러자 '주의 여종'이 내 앞에 나타났다. 말끔하게 옷을 차려입고 손님 맞을 준비를 하고 있었다. 그제야 안심이 되었다. 그때 주님의 말씀이 뇌리를 스치며 지나갔다.

"깨어 기도하라!" (2014. 10. 5. 주일)

1279. 정체성 혼란

방을 정리하며 누군가를 기다리고 있었다. '학문 성취' 과장이 시찰하다가 기둥 모서리에 꽂혀 있는 묘목을 발견하고 건네주었다. 생명 있는 것을 장식으로 사용하지 말라는 뜻으로 받아들여졌다.

그 나무를 받아들고 텃밭으로 내려갔으나 심을 만한 공간이 보이지 않았다. 공동체 가족들이 저마다 나무와 꽃을 심어놓고 가꾸었기 때문이다. 게다가 그 뒤에서 무슨 공사까지 하였다.

우측 모서리를 돌다가 돼지감자 같기도 하고, 고구마 같기도 하는 이상한 식물을 발견하였다. 앞줄에 2개, 뒤쪽에 2개가 심겨 있었다.

그런데 자라나는 모양새가 범상치 않아 한참 지켜보았다. 아래쪽은 식물의 뿌리가 틀림없었으나 위쪽은 닭대가리 같은 것이 자랐다.

그 닭대가리가 점점 자라더니 고개를 들고 움직이기 시작하였다. 아래쪽에 식물 뿌리 같기도 하고 닭발 같기도 한 것이 버둥거렸다. 진창에 파묻혀 쉽게 빠져나오지 못했기 때문이다.

그러다가 겨우 빠져나오는 것을 보니 아닌 게 아니라 닭발이었다. 앞줄과 뒷줄에서 모두 4마리의 닭이 나왔다. 나무를 심을 만한 공간이 생겼으나 정신이 없어 그 닭만 쳐다보았다. (2014. 10. 6)

1280. 실수와 불평

학교 같기도 하고 생활공간 같기도 한 어느 곳에서 세상 친구들과 함께 지내다가 다소간의 실수를 하였다. 그리고 그 뒤치다꺼리를 하느라 분주하였다.

밤이 지나고 아침이 되자 몇 친구들이 와서 거들어주었다. 그들의 도움으로 어설프게나마 수습을 하여 제자리를 찾게 되었다.

마지막으로 그릇에 담긴 감자를 보니 쓸 것 같기도 하고 못 쓸 것 같기도 하여 정화조 같은 구멍에 쏟아부었다. 그러고 보니 다소 아깝다는 생각이 들었다. 다행히 대부분 언저리에 걸려 쓸 만한 것은 다시 주워 담고 나머지는 그대로 버렸다.

그때 성령님의 감동으로 주님의 메시지가 들려왔다.

"그리스도인은 누구나 실수는 할지언정 불평은 하지 않는다." (2014. 10. 7)

1281. 이혼자 신발

이혼자의 뒤안길을 보니 너무 안쓰러웠다. 그들의 신발을 보니 얼마나 짓밟혔는지, 아무렇게나 구겨지고 접히고 뒤틀리고 꼬여서, 그야말로 너덜너덜한 모습으로 메마른 길바닥에 나뒹굴고 있었다.

고무신도 운동화도 구두도 워커도 다 있었으나, 어느 것 하나도 짝을 찾을 수 없었다. 혹시 찾는다고 해도 그게 무슨 소용이 있겠는가 싶었다. (2014. 10. 10)

1282. 수도관 보도

수도관에서 계속 물이 새고 있었다. 어느 정도 보수가 되었는가 싶었는데 또 샜다. 수도관을 따라 위쪽으로 올라갈수록 더 심했다. 아닌 게 아니라 어느 산동네 언덕에서 물이 펑펑 솟구치고 있었다.

어찌할 바를 몰라 애태우다가, 얼마쯤 위에 샘의 근원이 있음을 알고 올라가 보았다. 거기서 보수하던 사람이 수도관 보도를 다 바꾸었다고 일러주었다. 그러고 보니 더 이상 물 새는 곳이 없었다. 그가 말했다.

"이참에 아예 싹 바꾸기로 했어. 직원들 5명까지."

그 말을 듣고 보니, 이제 더 이상 물새는 일이 없을 것 같았다. (2014. 10. 13)

1283. 북극성 좌표

모텔이 즐비한 어느 골목길에서 며칠 묵을 방을 찾아보았다. 몇 군데 들렀더니 집집마다 방값이 달랐다. 그중에서 가장 싼 곳을 찾아 들어갔다. 샤워장 문짝은 떨어져 있었고, 아크릴 창문은 반쯤 빠져 흔들거렸다.

위험천만하여 손도 댈 수가 없었다. 실내 분위기도 말이 아니었다. 어두침침한 가운데 음산한 기운까지 감돌아 밤새도록 불을 켜놓을 수밖에 없었다.

아침이 되어 청소하는 아줌마가 손수레를 끌고 다니는 소리가 들릴 때까지, 온갖 소음으로 수잠을 잤다. 순간순간 다가오는 음흉한 유혹을 떨처버리기 위해 영화를 보며 자다가 꿈을 꾸었다.

나비 한 마리가 거미줄 같은 것에 걸려들었다. 순간 온몸이 탱탱 감겨 꼼짝달싹 못 했다. 그 모습을 보고 있자니 너무 안쓰러워 눈물이 날 것 같았다. 흡사 나 자신처럼 느껴졌기 때문이다.

'그래, 이왕 묶일 바에는 우리 주 예수 그리스도 안에서 묶이자. 세상이 주는 환락이나 사탄의 유혹이 아닌, 예수 그리스도에 묶이고 싶다. 그리스도를 믿음으로 그리스도에게 묶임은, 나를 통해 많은 사람을 그리스도 앞으로 인도하기 위함이다.' (2014. 11. 12)

1284. 숨은 누수

지난 한 주간 동안 꿈자리가 몹시 사나웠다. 무슨 일을 하여도 시원치 않았다. 그저 무엇이 줄줄 새고 있다는 느낌이 들었다. 마음을 다잡고 새는 곳을 이 잡듯이 찾기로 하였다.

보이는 지상은 물론이고 보이지 않는 지하까지 샅샅이 뒤졌다. 마지막 남은 건물 안으로 들어갔다. 무슨 공장처럼 보였다. 철커덕거리며 쉴 새 없이 돌아가는 기계를 쭉 살펴보았다.

그런데 가동되지 않고 먼지만 잔뜩 쌓인 기계가 하나 있었는데 그것이 이상하였다. 덮개를 뜯고 속을 들여다보았더니, 아닌 게 아니라 엔진 본체처럼 보이는 곳에 동전만한 구멍이 뚫어져 있었다. 그 구멍으로 물이 펑펑 새고 있었다.

하지만 물이 덮개 속에서 땅속으로 바로 흘러들어 밖으로 드러나지 않

았다. 그야말로 쥐도 새도 모르게 물이 새고 있었다. (2014. 11. 26)

1285. 세 여자

오늘도 꿈을 꾸었다. 어느 사거리 구석에 간판처럼 세워진 여자의 얼굴이 보였다. 이상야릇하게 웃으며 점점 가까이 다가왔다. 호기심이 일기도 하고 겁이 나기도 하여 잠시 눈을 돌렸다가 다시 보았다.

그런데 한 여자가 아니라 셋이었다. 마지막 여자는 아예 나를 덮칠 기세로 서둘러 다가왔다. 피하는 게 상책이라는 생각이 들어 급히 그곳을 벗어났다. 여자들이 정말 지겨웠다.

그 후 어느 집에 들어가 숨어 지냈다. 집이 크고 으스스하였다. 어떤 여자가 이불을 덮고 마루에 누워서, 감각 없는 내 다리를 붙잡고 놓아주지를 않았다.

처음에는 꾹 참고 있었으나 주구장창 그렇게 하여 지겹다는 생각이 들었다. 잠시라도 벗어나고 싶었으나 도무지 놓아주지를 않았다. 한번 놓아주면 아예 달아나 못 잡을 것으로 여기는 눈치였다.

그러고 보니 그럴 수도 있다는 생각이 들었다. 하지만 밖으로 나가면 더 흉악한 여자가 나를 괴롭힐지 모른다는 생각이 들어 그냥 꾹 참고 지냈다.

여기저기서 사람들이 너무 지겨웠다. 아무도 없는 곳에서 조용히 지내고 싶다는 생각이 간절하였다. 한편으로 너무 나약한 나 자신이 원망스럽기도 하였다. (2014. 11. 26)

1286. 만능 클리닉

어느 클리닉을 찾아갔다. 거기서 카메라도 고쳐주었다. 마침 카메라가 있어 보였더니 여기저기 손을 봐주었다. 그리고 계산대에 앉아 간호사와 이런저런 이야기를 나누었다. 그때 의사가 와서 물었다.

"에바브로(바울의 제자) 간호사와 잘 아는 사이입니까?"

"그렇지 않습니다. 카메라를 고쳐주었을 뿐입니다."

"그래요, 들어오세요."

그래서 의사를 따라 진료실로 들어갔다. 의사가 내 카메라를 분해하기 시작하였다. 카메라가 오래되어 여기저기 시커먼 때가 끼어 있었다.

흡사 드라이어처럼 보이는 것을 카메라 기판에 대고 이리저리 끌고 다니자, 눌어붙은 때가 말끔히 벗겨져 고운 재로 변하였다.

얼마 후 기판이 거울처럼 반들반들하였다. 이물질이 모두 태워져 새것처럼 되었다. 그런데 거기서 카메라뿐만 아니라 사람의 마음까지 고쳐주었다.

타락하여 비뚤어지고 더러워진 사람의 마음을, 눈에 보이지 않는 불이 이리저리 돌아다니며 말끔히 태워서 새롭게 해주는 정말 신기한 클리닉이었다.

그리고 얼마의 시간이 지나 집에 돌아가려고 하였다. 그런데 자동차를 어디 두었는지 통 기억이 나질 않았다. 심지어 자동차 열쇠까지 찾을 수가 없었다. 혼잣말로 중얼거렸다.

"내 차를 어디서 찾는담?"

이 말을 간호사가 듣고 의사에게 전한 듯, 의사가 급히 나와 일러주었다. 인생사의 모든 문제를 원스톱으로 풀어주는 만능 클리닉의 의사처럼 느껴졌다.

"자동차는 예원(藝苑, 예술가의 동산)에 있습니다. 그리고 여기."

하면서 작은 동전 2개를 내 손에 들려주었다. 50원짜리와 10원짜리였다. 그것은 동전이 아니라 증표였다. 사실 그 의사는 자신을 드러낼 때 반드시 그 동전을 먼저 보여주었다. 카메라를 고칠 때도, 사람을 치료할 때도 항상 그랬다.

얼마나 오랫동안 그렇게 하였는지 반들반들하게 닳아서 세상에서 둘도 없는 귀한 동전으로 여겨졌다. 그걸 서슴없이 나에게 건네주었다. 그는 정말 최고의 의사요, 사랑의 사도였다.

그러고 보니 내 자동차도 예원에서 수리하고 세차하여 잘 보관하고 있었다. 거기 있는 식당에서 손님들의 자동차를 수리하여 보관해주는 서비스를 제공했다.

그런데 내가 건망증이 너무 심하여 얼마 전 분명히 거기서 식사를 하고도 기억이 나질 않았다. 그런 식당이 거기 있다는 정도만 어렴풋이 알았다.

아무리 만능 클리닉 의사의 의술도 늙어가면서 아물아물하는 사람의 기억력만은 치유할 수 없었던 것일까? (2014. 11. 27)

1287. 세월의 흔적

뒤가 개운치 않아 화장실을 찾았다. 일인용 변기가 쭉 이어져 있었다.

그중에 하나를 끌어다 놓고 앉았다. 그때 밖에서 소리가 들렸다.

환경미화원들이 모여 무슨 일을 준비하는 듯했다. 부끄러워서 그냥 밖으로 나가려고 하였더니, 그 순간 다소간의 용기가 생겨났다.

'그래, 남녀노소 빈부귀천 누구나 뒤처리를 하지 않는가? 나만 더러운 놈이 아니지 않은가?'

그래서 마음을 다잡고 문 옆에 앉아 볼일을 보기 시작하였다. 그런데 긴장한 탓인지 아무리 용을 써도 변이 나오질 않았다. 무엇인가 꽉 막혀 있었다. 화장지를 여러 겹 뽑아들고 만져 보니, 무슨 딱딱한 것이 구멍에 꽉 끼어 있었다.

독하게 마음을 먹고 힘차게 잡아 뽑았더니 쑥 빠져나왔다. 10cm가량 되는 가래떡이었다. 말라비틀어져 딱딱하였다. 가운데만 포를 뜨듯 잘라내고, 양옆은 그대로 동그랗게 남아 있었다. 언젠가 너무 급히 먹느라고 제대로 씹지 않은 채 삼킨 듯했다.

그런데 그것을 빼내고 나서도 여전히 뒤가 개운치 않았다. 다시 화장지를 뽑아 들고 만져 보았다. 여전히 구멍에 둥근 덩어리가 막혀 있었다. 하지만 이번에는 물렁물렁하였다. 화장지로 싸잡아 빼냈다. 그래도 시원치 않았다.

이번에는 먹은 음식이 문제가 아니라, 괄약근이 수축 작용을 제대로 못 하는 듯했다. 다시 한 번 손으로 쭉 훑어내었다. 그래도 여전히 개운치 않았다. 그러고 보니 내 몸이 전반적으로 쇠약하여 괄약근까지 말을 잘 듣지 않았다. (2014. 12. 26)

1288. 오늘과 내일

무엇인가 나름대로 열심히 한다고 하였으나 무기력하게 마냥 누워 있는 내 모습이 보였다.

'아! 그러고 보니 내가 아무 말도 하지 않고 출근하지 않은 지가 꽤 오래되었구나. 이제라도 나가서 무슨 핑계를 대야지.'

하고 자리에서 일어나 시계를 보니 오후 3시였다.

"이제 가면 모두 퇴근할 텐데 그래도 갈 거야?"

사탄이 옆에서 고자질하였다.

"그래! 그래도 나는 갈 거야. 그래야 오늘 밤도 편하고 내일 아침도 편해!"

그리고 일어나 보니 날이 훤하게 밝아 있었다. 새벽기도를 마치고 나올 시간이었다. 그때 이것저것 생각나는 바가 많았는데, 주님이 일깨워 주셨다. (2014. 12. 26)

1289. 사회적 영성

기차를 타고 먼 여행을 하였다. 기관실 바로 뒤에 붙은 의자에 앉아 졸았다. 무슨 영문인지 내 옆에 사람들이 앉지 않았다. 어색하기는 하였으나 편해서 좋았다.

얼마 후 사람들이 웅성거리는 소리를 듣고 일어나 보니, 내가 앉은 의자에 기름이 흠뻑 젖어 있었다. 혹시 불이라도 났으면 영락없이 불고기가 될 뻔하였다. 하지만 그에 아랑곳하지 않고 계속 앉아 졸았다.

그리고 산간오지에 도착하여 내렸다. 몇 사람이 기차 위에서 나를 전송하였다. 언덕 위에 올라가 그들을 향해 마지막으로 한마디 일러주었다.

"말을 잘 듣는다고 해서 다 선한 사람이 아니며, 말을 안 듣는다고 해서 다 악한 사람이 아닙니다. 그의 생각과 사정, 형편 등을 두루 살펴보아야 합니다."

그런데 이 말이 우연찮게 명언이 되어 내가 유명 인사가 되었다. 몇 사람이 와서 조언을 듣기를 원하였다. 나는 이불을 덮고 자리에 누워 있었다. 그 상태로 몇 마디 들려주었다.

그때 어떤 할머니가 고추를 빻으러 왔다. 내가 그 기계를 인수했던바 일어날 수밖에 없었다. 그들의 부축을 받으며 자리에서 일어나 앉았다.

그러나 그 기계를 한 번도 사용해 본 적이 없어 당황스러웠다. 이것저것 빼서 닦기도 하고 조작도 해보았으나 자신이 없었다. 그때 한 청년이 고춧가루를 흔들어 거르는 작은 망을 가지고 와서 사용법을 써 붙이며 말하였다.

"아무것도 아닌 것 같으나 이게 꼭 있어야 합니다. 그리고 고춧가루를 담는 고무다라도 필요합니다."

"그대가 이 기계로 고추를 빻아본 적이 있는가?"

"예."

"그래?"

"그럼요."

그때 나는 속으로 중얼거렸다.

'아, 주님께서 이번에도 내게 구세주를 보내주셨구나!' (2014. 12. 27)

1290. 부활의 가족

그리고 아주 오래된 사원 같은 곳에서 머무르고 있었다. 볏짚에 진흙을 발라 세운 오두막집이 여기저기 보였고, 그 벽에 옛글이 씌어 있었다.

오래된 한문으로 쓰여 명쾌히 읽을 수는 없었으나 고귀한 글처럼 보였다. 속에 있는 짚이 태워져도, 겉에 있는 진흙이 떨어져도, 그 글은 그대로 남아 있었다. 더욱 선명하고 또렷하였다. 그런데 읽을 수가 없어 너무 아쉬웠다.

그때 어떤 사람의 안내로 하늘에서 세상을 내려다보았다. 처음에는 우리를 도우려던 사람들이 나중에는 우리를 해치려고 몰려왔다.

그야말로 어제의 동지가 오늘의 적이 되어 있었다. 뒤죽박죽 얽히고설킨 실타래 같은 인생살이가 사람들을 더욱 우왕좌왕하게 했다. 그러면서 그들은 우리가 있는 쪽으로 계속 밀려왔다.

이윽고 우리가 있는 곳에 그들이 도착하였다. 그런데 대문에 발을 들여놓는 순간 모두 새사람으로 변했다. 우리 조상들이 입던 하얀 한복을 입었으며, 지난날의 우여곡절은 흔적도 없이 사라지고 기억조차 나지 않았다.

타임머신을 타고 수백 년이나 수천 년 전에 살았던 우리 조상들의 세계로 돌아간 것으로 보였다. 그들에게는 걱정이나 근심이 조금도 없었으며, 언제 아옹다옹하며 지냈느냐는 듯하였다.

그들은 실로 모두 천사 같았다. 무한한 자유와 기쁨, 은혜와 평화가 넘쳤다. 그때 들어오는 한 작은 사람이 눈에 띄었다. '바른 방식'이라는 친구였다. 그들 가운데 내 동창생이 끼어 있었다니 정말 반가웠다.

얼른 달려가 친구를 껴안았다. 소리 없이 흐르는 내 눈물이 그의 대머리를 적시고 얼굴로 흘러내렸다. 그 친구도 내 가슴에 얼굴을 파묻고 한없이 울었다.

나도 울고 그도 울었으나 그는 소리를 내어 실컷 울고, 나는 이를 꽉 물고 하늘을 우러러보며 눈물만 흘렸다. 하나님의 은혜가 너무 크고 놀라워 말로 표현할 수 없었다. 모든 사람이 다 그랬다. (2014. 12. 27)

1291. 티티 크리스천

커리어와 브랜드의 가치가 세계에서 최고라는 고급 외제 승합차에 사람들을 가득 태우고 산길을 오르고 있었다. 그런데 정상을 코앞에 두고 가파른 언덕길을 만났다.

거기까지 힘들게 올라온 경험에 비추어 도저히 더 이상 올라가지 못할 것 같았다. 그래서 길 왼편에 차를 세우고 말했다.

"차가 힘이 없어."

그리고 차량등록증을 보았더니 차의 배기량이 1,780cc에 불과하였다. 그때 맞은편에 좁은 길이 보였다. 어쩌면 그 길로 올라갈 수 있다는 생각이 들어 차를 그쪽으로 몰았다.

고개턱에서 몇 차례 힘든 고비를 넘기고 가까스로 정상에 올랐다. 그러나 차는 이미 만신창이가 되었다. 너덜너덜한 걸레 조각을 손에 들고 말했다.

"아무리 좋은 차도 힘이 없으면 어디다 쓰겠습니까?"

그때 주님의 말씀이 생각났다.

'소금은 좋은 것이나 그 맛을 잃으면 어디다 쓰겠느냐?' (누가복음 14. 34)

그리고 한마디 덧붙였다.

"아무리 훌륭한 사람도 건강을 잃으면 무슨 소용이 있겠습니까?"

그때 주님의 말씀이 또 생각났다.

'사람이 온 천하를 얻고도 자기 목숨을 잃으면 무슨 소용이 있겠느냐?'
(마가복음 8. 36)

그리고 방에서 성경 공부가 시작되었다. 저명한 교수님이 가르쳤으나 나는 시종 멈칫멈칫하였다. 아닌 게 아니라 해석이 어려운 부분에 가서는 꼭 내 의견을 물어보았다.

그러다가 사도 바울의 서신에서 어려운 말이 나타났다. 교수님이 나에게 의견을 물었으나 나도 처음 보는 말이었다. 그래서 함께 연구하다가 내가 먼저 그 뜻을 깨닫고 알려주었다.

"'티티'는 지상에서 최선을 다해 사역한 그리스도인에게 붙여진 고유 칭호입니다. 사람들이 사도 바울의 헌신을 높이 기려 '티티 크리스천'이라 불렀던 것입니다. 물론 기독교 역사상 사도 바울 외에 그렇게 불린 사람이 없습니다."

그러자 모두 고개를 끄덕이며 수긍하였다. 그리고 잠에서 깨어나게 되었다. 눈을 뜨자마자 스마트폰으로 '티티'를 검색해 보았지만, 내가 말한 그런 내용은 어디에도 없었다. '티티'라는 영어 단어 자체가 보이지 않았다. (2014. 12. 28. 주일)

1292. 업무 보고

사무실을 옮기자 과장이 말했다.

"업무 보고를 한번 살펴봐주세요."

그때 신입 직원이 보고서를 담당하였던바 그에게 물어보았다.

"업무 보고는?"

"여기요!"

그는 이미 보고서를 작성하여 자기 책상 위에 올려놓았다. 얼마 후 업무 보고를 종합하는 부서에 들렀다. 그런데 직위가 꽤 높은 '큰 봉우리'라는 사람이 이상하리만큼 작은 철제 책상에 앉아 일하고 있었다. 그가 초벌 보고서를 보여주었다.

"여기!"

그 보고서를 보니 다른 부서는 모두 빈칸이었으나 우리 부서는 다 채워져 있었다. 신입 직원이 가장 먼저 업무 보고를 하였던 것이다. (2015. 1. 3)

1293. 탈리타 쿰

어느 메마르고 척박한 산의 8부 능선쯤에 서 있었다. 주변을 살펴보니 온통 묘지였다. 잘 가꾸어진 호화스러운 묘지도 있었고, 아무렇게 내버려진 무덤도 있었다.

그중에 한 묘지는 봉분 아래쪽으로 화강암을 가지런히 쌓고 잔디를 심어 놓았다. 그런데 그 일부가 산사태로 유실되어 보기에 안 좋았다.

그 묘지 옆에 아주 특별한 무덤이 하나 있었다. 탑차(塔車) 무덤이었다. 약간 도드라진 언덕에 탑차가 세워져 있었고, 그 속에 시신을 두었던 것이다.

그때 갑자기 탑차가 하늘로 들려 올라가고 시신을 뉘어둔 아래쪽 부분만 남았다. 또 어느새 그 시신이 우리가 서 있는 신작로 옆에 다가와 있었다.

시신을 보니 거무튀튀한 솜털 같은 것이 가득 덮여 있었고, 아무리 보아도 사람의 시신 같지 않았다. 오래전에 죽어 말라비틀어진 쥐새끼처럼 보였다. 그때 어디선가 세미한 소리가 들려왔다.

"13살 소녀다."

그래서 자세히 보니 정말 작은 여자아이가 뉘어 있었다. 너무 오래되어 형체가 많이 변했으며, 아이가 그 쥐새끼를 가슴에 안고 있었다.

아이가 살았을 때 친구처럼 지내던 반려동물로 여겨졌다. 그런데 그 시신 안에 실낱같은 생명이 있었다. 아주 미약하였으나 분명히 작은 움직임이 감지되었다.

그때 '순종의 기쁨'이 다가왔다. 그는 우리가 징계를 받을 때 후임으로 왔으나, 18년간의 독재자가 죽은 후 새로운 독재자가 등장하여 마구잡이로 권력을 휘두를 때 정치적으로 희생되었다.

그가 우리의 말을 듣고 다짜고짜 손을 뻗어 이리저리 시신을 만지며 살펴보았다. 그러자 시신의 가슴 부분이 미세하게 움직였다.

"이 아이를 그 어머니에게 돌려줘야지."

그러면서 그가 시신을 끌어안고 신작로로 내려갔다. 뼈만 앙상하게 남은 시신이 금방 우수수 쏟아질 것 같았다. 그래서 내가 옆에서 좀 잡아주고 싶었으나 그래도 으스러질 듯하였다. 한편 시신을 만지는 것도 꺼림칙하였다.

"소쿠리를 가져다가 담아가는 것이 낫겠어."

그리고 신작로 옆에 있는 우리 집으로 들어가려고 하였다. 그때 아이가 뼈만 남은 손가락으로 힘을 다해 나를 붙잡으려고 하였다. 그러다가 힘이 없어 뚝 떨어지며 한숨을 쉬었다.

"에~이."

그 말을 듣고 멈칫하며 눈을 뜨게 되었다. 새벽기도를 드릴 시간이었다. 여러 가지 생각이 교차하였다. 결과를 보지 못해 아쉬웠고 한편으로는 후회스러웠다.

"아! 내가 왜 몰랐을까? 내가 주의 종이라는 사실을! 주님께서 선히 여기시고, 주님께서 내 손을 들어 역사하기를 원하셨다면, 그 아이를 살릴 수 있었을 텐데. 내가 왜 이렇게 말하지 못했을까?

'우리 주 예수 그리스도께서 그대를 선히 여기십니다. 탈리타 쿰!' (마가복음 5. 41)

이렇게 한마디만 믿음으로 선포했다면, 주님께서 그 아이를 살릴 수도 있었을 텐데. 내가 왜 그 사실을 잊었을까?" (2015. 1. 3)

1294. 양심의 법

마음씨 착한 선배가 놀고 있었다. 다른 선배가 일자리를 소개하여 그와 함께 일터로 갔다. 내 친구의 삼촌이 운영하는 고시원이었다.

리모델링한 상가 건물로서 한계가 있었으나 화장실과 복도 등이 깨끗이 개조되어 분위기가 좋았다. 거기서 떡 반죽을 쳤다. 처음에는 버석버석하였으나 나중에는 쫀득쫀득하여 좋은 재료가 되었다.

그리고 돌아보니, 어느새 내가 논에서 낚시를 하고 있었다. 고기가 있을 것 같지 않아 조금 해보고 포기할 생각이었다. 그런데 고기가 엄청 많았다.

살이 통통하게 찐 큰 미꾸라지가 엄청 많아 손으로 건졌다. 스티로폼 박스 안에 잡은 고기가 바글바글하였다. 큰 메기가 있어 그놈도 잡아넣었다. 건강한 동자개도 있어 손으로 꼬리를 잡아 옮겨 담았다.

그 외에도 여러 잡고기를 잡았다. 대부분이 내가 좋아하는 매끈매끈한 고기였다. 그런데 율법에서 먹지 말라는 고기라서 어딘가 모르게 조금 찜찜하였다.

그래서 새벽기도 시간에 주님께 여쭤보았다. 하나님께서 긍휼히 여기신다는 뜻으로 다가왔다. 내 믿음과 양심의 법으로 거리낌이 없어야 한다는 뜻이었다. 내 사정을 아시고 긍휼을 베풀어주신 주님께 감사하였다. (2015. 1. 5)

1295. 겸손한 신앙

새벽녘에 주님의 계시를 보고 일어날까 말까 하며 망설이고 있을 때, 갑자기 내 영을 어루만지는 주님의 음성이 들렸다.

"사파리(사냥 여행)를 그만두어라. 세무 일도 그만하여라. 백 교수를 본받아라. 아버지 목사의 겸손한 신앙을 이어받은 믿음의 딸이다. 대학에서 성경을 가르치며 언론에서 인기를 누리고 있다.

여러 가지 봉사를 하면서 남부럽지 않게 살고 있다. 하지만 아버지가 사역한 교회의 청빙을 받고 그 모든 일을 그만두었다. 그리고 공동체를 세우는 일에만 전념하고 있다."

그 즉시 일어나 기도하기 시작하였다. 기도할 때 주님께서 원하시는 뜻이 무엇인지 가르쳐주셨다.

"오, 주여! 이 종에게 믿음을 더하여 주소서." (2015. 1. 8)

1296. 과제 정리

알갱이와 가루가 골고루 섞인 조제약이 보였다. 무슨 약이며 왜 먹어야 하는지도 모른 채 그냥 무턱대고 먹었다. 하루 3번, 3일 치, 9봉지를 마구잡이로 먹기 시작하였다.

마지막 봉지의 약을 입에 넣는 순간 겁이 덜컥 나 뱉어내게 되었다. 그리고 비참하게 죽어가는 사람의 시늉을 했다. 이후 약 기운이 서서히 퍼지면서 졸리기 시작하였다. 하지만 편하게 잠들 수가 없었다. 아예 영원히 잘 수도 있었기 때문이다.

그렇게 며칠 지나자 주변의 일들이 일제히 정리되었다. 9개나 10개쯤 되는 과제들이 위에서 아래로 가지런히 세워지면서 옆으로 막대 그래프가 쭉쭉 그려졌다. 그래프 끝에 9할이 조금 넘는 숫자가 기록되어 있었

다. (2015. 1. 10)

1297. 들쟁이

오늘 새벽에 2번에 걸쳐 3단 논법에 따른 기가 막힌 문장을 보았다. 주님의 계시가 분명하였으나 그 기억이 희미하여 너무 안타깝다.

"예수님이 '들쟁이'에게 말씀하셨다. 비록 잘한 것은 없으나 내가 그 허물을 덮어주었다."

그런데 그 '들쟁이'가 무엇을 의미하는지 몰랐다. 인터넷을 아무리 찾아보아도 알 수가 없었다. 그때 소설가 이효석(李孝石, 1907~1942)의 단편소설, '들'에 나오는 문장 하나가 눈에 띄었다.

'들녘에서 개 한 쌍이 벌이는 교미 장면을 우연히 보게 된 나와 옥분은, 달빛이 쏟아지는 딸기밭에서 정사를 벌이게 되었다.'

이 글을 보는 순간 내가 마치 들개처럼 느껴졌다. 이제까지 나와 인연을 맺은 자매들의 모습이 주마등처럼 뇌리를 스치며 지나갔다.

첫째는 경기도 광주에 살던 앳된 아가씨였다. 어떤 사람의 소개로 용기를 내어 그 집을 찾아갔다. 한적한 농촌의 기와집이었다. 아버지가 장로님이고 어머니가 권사님인 독실한 집안의 외동딸이었다.

까무잡잡한 얼굴에 조그만 체구의 날씬한 아가씨였고, 생글생글 웃는 모습이 너무나 아름답고 귀여웠다. 그런데 내가 장애인에다가 빚까지 있어 가족이 모두 반대하였다.

그러다가 1주일쯤 지나서 연락이 왔다. 그 아가씨가 기도하는 가운데 꿈을 꾸기를, 거름더미에서 진주를 발견하여 마음이 돌아섰다는 것이다.

하지만 불행하게도, 그때 나는 사탄의 꼬임에 빠져 먹고 마시며 온갖 추잡한 짓을 하고 다녔다. 그래서 결국은 그 귀한 하나님의 선물을 스스로 내팽개치고 말았다.

둘째는 같은 교회에 다니는 내 또래의 자매였다. 그 자매는 결혼했다가 돌아온 싱글이었다. 어느 날 갑자기 그 자매를 만나 정을 나누었다.

하지만 나는 같은 교회에 다니는 다른 자매에게 관심을 두고 있었는 바, 천하에 몹쓸 짓만 하고 다시는 만나지 않았다. 그 자매에 대한 죄책 감이 지금도 너무 크다.

셋째는 나보다 4살 많은 자매로서 결혼하여 자식까지 낳았으나 신체 적 결함으로 쫓겨난 이혼녀였다. 구역예배를 함께 드리다가 연민의 정이 발동하여 한 달 만에 결혼하였다.

그리고 2명의 자녀를 낳고 10여 년간 살았지만, 사탄이 안겨준 경제적 파탄과 심각한 어려움으로 결국은 이혼하게 되었다.

넷째는 두 딸을 둔 자매로서 남편의 사업 실패로 강제로 이혼당한 독신이었다. 수년간 서로가 위로하며 사귀었지만 결국은 다른 사람과 재혼하였다.

다섯째는 아들과 딸을 두었지만, 결혼 생활이 원만치 못한 유부녀였다. 나를 떠나라고 그토록 타일렀지만 나를 섬기라는 주님의 계시를 똑똑히 보았다고 하였다.

그래서 그런지 결국은 나중에 이혼하고 나와 같이 동역하게 되었다. 이 모든 일이 나의 의지로 말미암은 실패작이 분명하지만, 그럼에도 하나님께서 나를 긍휼히 여겨주셨다. (2015. 1. 20)

1298. 트러블

새벽에 기도할 때 '들쟁이'의 의미가 새롭게 다가왔다. '들'은 '길이 들지 않은 야생'을 뜻하고, '쟁이'는 '다툼을 일으키는 인간'을 의미하는바, '들쟁이'는 '길이 들지 않아 사사건건 다툼을 일으키는 망나니 인간'으로서, 바로 나 자신임을 알게 되었다.

그때 최근에 일어난 여러 트러블이 하나님의 은혜에서 비롯된 것임을 깨닫고 감사하였다. 장흥, 무안에 이어서 공주, 축산, 영해까지의 모든 과제를 주님께서 해결해주실 것으로 확신하였다.

그리고 더 이상 트러블의 원인을 제공하지 않겠다고 다짐하였다.

(2015. 1. 21)

1299. 담대해라

기가 죽고 맥이 없는 아들을 보자 갑자기 분노가 치밀어 올랐다. 아들의 목을 끌어안고 수돗가로 가며 인정사정없이 머리를 쥐어박았다. 아들의 엄마가 그 모습을 보고 안타까운 듯 한마디 하며 말렸으나 소용이 없었다.

내 겨드랑이에 꽉 끼어 비지땀을 빠작빠작 흘리며 비명을 지르는 아들이 안쓰럽기는 하였으나 그것이 문제가 아니었다. 한창 나이에 아들이 죽느냐 사느냐가 달린 심각한 문제였기 때문이다. 두 주먹을 불끈 쥐며 복창하라고 소리쳤다.

"당당해!"

"당당해!"

"담대해!"

"담대해!"

"귀신 잡는 임동훈!"

"귀신 잡는 임동훈!"

그때 나도 모르게 내 이름을 말했다. 그래서 아들 이름으로 다시 소리 쳤다. 그리고 세수를 시켰더니 조금은 기가 살아난 듯하였다.

하지만 여전히 나약한 모습이었다. 말도 당당하지 못했고 행동도 담대 하지 못하였다. 엉거주춤한 모습으로 툇마루에 앉은 아들이 보기에 안 쓰러웠다. 양복 비슷한 옷을 입기는 하였으나 허름한 것이 몸에 맞지도 않았고, 허리띠도 매지 않은 상태였다.

그러고 보니 내가 허리띠 2개를 가지고 있었다. 더러워진 버클을 물로 닦아 하나를 아들에게 주며 단단히 동여매라고 하였다. 아들이 흘러내 리는 바지를 움켜잡고 마루에서 내려와 허리띠를 받아 맸다. 눈을 떠보 니 꿈이었다.

"오, 주여! 제 아들을 보고 제가 그리 답답하였는데, 하물며 하나님께 서 저를 보시고 얼마나 갑갑하셨습니까?"

두 주먹을 불끈 쥐고 머리맡에 있는 탁자 다리를 툭툭 내리치며 말하 였다.

"담대해라! 담대해라! 담대해라!"

그리고 스마트폰을 펼쳐 보니 0시 10분이었다. 정신이 바짝 들어 일어 나 옷을 입고 책상 앞에 앉았다. (2015. 1. 22)

1300. 코리언 카우

어제 저녁인지 오늘 새벽인지 한 꿈을 꾸었다. 1시경에 잠이 깨어 새롭게 다가왔다. 무슨 놀이를 한 듯 서까래 정도의 통나무가 이리저리 세워진 공간을 헤집고 다녔다. 그런데 얽히고설킨 나무들 사이 아래쪽에 큰 소가 1마리 갇혀 있었다.

그때 나와 운동을 같이 하던 청년이 뭐라고 하면서 무슨 도구를 잡고 소털을 긁기 시작했다. 머리부터 목과 가슴으로 슬슬 긁어내리자 마치 가죽이 벗겨지듯 누런 털이 시원스럽게 벗겨졌다. 그러고 보니 소가 털갈이를 하고 있었다. 깨끗하고 보드라운 털이 속에 있었다.

그런데 묵은 털이 스스로 벗겨지지 않은 것은, 소가 꼼짝달싹 못 하게 갇혀 움직일 수 없었기 때문이다. 게다가 옛털 위에 누른 기름기가 잔뜩 엉겨 붙어 털이 한 덩어리로 뭉쳐 있었다.

처음에는 소가 날뛰거나 떠받지 않을까 걱정되었으나, 살며시 다가가 만져보니 아주 순한 순둥이였다. 그래서 그렇게 갇혔어도 태평스럽게 있었고, 털갈이를 하면서도 가만히 있었던 것이다.

그런데 누가 먹이를 챙겨 주었는지 포동포동 살도 찌고 건강하였다. 그 사실을 깨닫고 청년에게 말하였다.

"어차피 시간을 보내야 하니 여기서 소털이나 깨끗이 다듬자."

그런데 오늘 새벽에 돌아보니 그 소가 바로 나 자신처럼 느껴졌다. 그리고 오래전 무역 영어를 공부할 때, 무엇 때문에 그랬는지 모르지만, 미국인 여강사가 나를 보고 웃으며 말한 것이 생각났다.

"You are a Korean cow!(당신은 한국 소예요!)" (2015. 1. 24)

1301. 슈퍼 스튜핏

만날 누워서 자고 무엇을 할 의욕을 보이지 않는 아들을 보자 속에서 천불이 났다. 결국은 폭발하여 아들의 뺨을 내리치듯 핸드폰을 3번이나 던지며 소리를 질렀다.

"왜, 왜, 도대체 왜 그러는 거야?"

그러자 옆에서 자고 있던 아들이 죽는다고 소리를 지르며 배를 움켜잡고 울기 시작하였다. 별거 아닌 것을 참지 못하고 엄살을 부리는 것으로 생각되었다. 그래서 더욱 속이 상해 막말을 하며 핸드폰을 또 내팽개쳤다.

"에이, 한심한 놈! 머저리 같은 놈! 차라리 나가서 뒈져라!"

그러자 아들은 어느새 저 멀리 떨어져 있었으며, 더욱 소리를 높여 배를 움켜잡고 목 놓아 울었다. 주변에 있던 사람들이 아이를 잡고 말렸으나 소용이 없었다. 그러다가 사람들이 아이의 양팔을 잡고 어디로 급히 끌어가는 모습이 보였다. 깜짝 놀라 물었다.

"어딜 가는 거요?"

그들이 발걸음을 멈추며 말하였다.

"심장병원이요!"

그때 아들은 땀으로 온몸이 흠뻑 젖은 상태로 축 늘어져 있었다. 강하고 담대하지 못한 아들이 마치 나 자신처럼 느껴졌다. 나약한 모습에다 심장 질환이며, 그 모든 것이 영락없는 나였다.

그 순간 나는 잠에서 깨어나 현실로 돌아왔다. 나도 모르게 두 주먹을 불끈 쥐고 내 뒤통수를 내리치며 욕하였다.

"어휴, 이 지지리도 못난 놈! 한심한 놈! 머저리! 병신! 쪼다! 슈퍼 스튜핏!(super stupid, 최고로 어리석은 자!) 아, 그리고 보니 얼마나 답답하셨을까? 얼마나 갑갑하셨을까? 오, 주여! 이 어리석은 자를!" (2015. 2. 1)

1302. 스와니 강물

새벽녘에 또 꿈을 꾸었다. 나와 함께하는 자매가 운전을 하고, 나는 그 옆에 타고 있었다. 어디를 가고 있었으나 방향을 잃은 채 헤매고 다녔다. 자매는 아무 말도 없고 표정도 없었다. 흡사 죽은 사람처럼 보였다.

그러다가 결국은 어느 골목에서 길을 잃었다. 그 길은 외길이었고, 입구에 큰 쇠말뚝이 박혀 있었다. 머나먼 스와니(Suwannee River) 강물을 따라가는 것처럼 느껴졌다. 결국은 참지 못하고 한마디 하였다.

"당장 내려! 한심한 년 같으니!"

그러자 자매는 차에 내려 어디론가 사라지고 더 이상 보이지 않았다. 오던 길을 더듬어 다시 나갈 수밖에 없었다. 그때 옆집 대문이 열리면서 젊은 부부가 안으로 들어오라고 손짓하였다. 그리고 텃밭 옆에 있는 대나무 숲 속 오솔길을 가리키며 말하였다.

"저리 들어가세요. 큰길로 바로 나갈 수 있어요."

그래서 대나무를 헤집고 안으로 들어갔다. 아닌 게 아니라 미끄럼틀 같은 경사로가 보였다. 폭은 좁았으나 시멘트로 잘 포장되어 있었다. 거기 앉자 순식간에 쭉 미끄러져 아래까지 내려갔다.

어느새 나는 큰 도시 넓은 길에 서 있었다. 몸만 빠져나왔으나 천만다행이라는 생각이 들었다. 목적지가 보여 그곳을 향해 조금 더 나아가자

큰길이 있었다. 길 가운데 장애물이 있어 멈칫하였으나 샛길로 차들이 빠져나가고 있었다. 그리로 들어갔다.

어떤 차가 다가오더니 어디 가느냐고 물었다. 바로 저기라고 손짓하자 타라고 하였다. 그 길로 들어가는 차가 대부분 그곳으로 갔다.

그때 어떤 사람이 다가와 뭐라고 하면서 차에 올라탔다. 운전자와 잘 아는 사람처럼 보였다. 그는 앞에 탔고 나는 뒤에 타고 있었다.

그런데 차 문짝 프레임이 떨어져 그가 그걸 들고 탔다. 그래서 문이 닫히지 않았다. 그대로 잡고 가려는 듯하였다. 얼마 안 되는 거리였기 때문이다.

마침 차가 신호에 걸려 잠시 서 있었다. 내가 빠진 유리를 조심스럽게 끼우고 창틀을 바로 잡아 프레임을 끼웠다. 완전치는 않았으나 당분간 붙어 있을 것으로 보였다. 그러자 차 문도 닫혔다. 그때 앞에 탄 사람이 뒤로 오면서 말했다.

"여자 팬티가 창문에 끼어 있어서."

그러고 보니 창문을 고정하려고 내가 끼워 놓았다. 보기에 별로 좋지 않았다. (2015. 2. 1)

1303. 위험한 여정

인적이 드문 두메산골 비포장도로를 홀로 걸어가고 있었다. 날이 저물어 주변이 으스스했다. 그때 뒤에서 쓰레기차가 달려왔다. 좁은 길에 큰 차가 다가와 위험하다는 생각이 들었다.

마침 우측으로 빠지는 샛길이 있어 그리로 내려갔다. 그래도 불안하였다. 쓰레기차가 그 길로 들어올 것 같았다. 그때 우측 산으로 올라가는 오솔길이 보였다.

주변이 어두워 잘 보이지 않았지만, 위쪽에 묘지가 있었다. 묘지로 올라가는 길이었다. 아닌 게 아니라 쓰레기차가 샛길로 들어와 먼지를 날리며 횅하니 지나갔다.

그제야 한숨 돌리고 다시 신작로에 내려왔다. 가려던 길을 멈추고 오던 길로 되돌아가기로 하였다. 다리에 문제가 생겨 수리가 필요하다고 느꼈기 때문이다.

그때 한 자매가 길에 쓰러져 있다가 일어나더니 옷에 묻은 흙을 툭툭 털고 나와 동행하였다. 그러고 보니 그 자매는, 얼마 전 나와 싸우고 길에 쓰러져 있다가 그제야 정신을 차리고 일어난 듯하였다.

자매를 보니 까만 팬티스타킹을 입고 있었다. 나와 길동무가 되어 한참 걸어가다가, 내가 안고 있는 것을 손으로 가리키며 말하였다.

"내가 다리를 수리하는 사람이잖아요. 이것도 내가 보면 다 알아요."

그때 나는 이동식 전자오르간처럼 보이는 것을 양손에 들고 있었다. 그리고 얼마 후 다리를 수리하고 600만 원가량을 송금하였다. 계좌 주인이 무려 60명이 넘었으며 모두 장애인이었다.

게다가 그 단체의 대표자는 불교 무슨 종단의 스님이었고, 희끗희끗한 수염을 길러 나이가 들어 보였으나 나보다 한참 아래였다. 성격이 소탈하여 누구와도 잘 어울리는 사람이었다.

그때 건장한 사람들이 무슨 고기를 비틀어 쥐어짜고 기름기를 제거하자, 수리비가 20만 원쯤 줄어들어 환급을 받게 되었다.

그리고 잠에서 깨어나 보니 새벽 3시가 가까웠다. 자매는 기도하러 교회당에 가고 없었다. 지난 며칠 동안의 일에 대해 생각하는 바가 많았다. 그래서 자리에서 일어나며 기도하였다.

"이 모든 일이 주님의 뜻대로 이루어지기를 바랍니다. 아멘." (2015. 2. 15)

1304. 바보의 기쁨

비록 그 모습은 보이지 않았으나 아버지는 일을 시키는 감독이었고, 아들과 그 친구들은 아버지의 지시에 따라 일하는 일꾼이었다. 할머니는 일꾼들이 일한 곳을 따라다니며 깨끗이 쓸고 닦는 등 뒤처리를 도왔다.

그렇게 일이 어느 정도 끝났을 때, 소금을 가지고 세면대로 가서 깨끗이 씻었다. 그때 한 아이가 옆에서 뭐라고 하였으나 아랑곳하지 않고 얼굴을 씻고 나왔다.

한 친구가 다시 작업장으로 들어가 일하기 시작하였다. 오후 5시로 1시간쯤 작업 시간이 남았기 때문이다. '마지막 진리'라는 친구도 그 뒤를 따라 들어가려고 하였다. 그래서 내가 말했다.

"내일 아침 조금 일찍 나와서 일하면 되지 뭘 또 들어가?"

그러자 그가 말하였다.

"내일은 내일 일이 있는데 어찌 조금 일찍 일어나 나올 수 있겠는가? 오늘 일은 오늘에 해야 오늘이 편하지."

그래서 더 이상 말리지 않고 그와 함께 들어가 일하게 되었다. 우선 작업장을 한번 빙 둘러 보았다. 장방형 넓은 공간 사방 모서리와 가운데 일부가 말끔히 미장되어 있었다. 벽은 깨끗하여 손댈 필요가 없었다. 인테리어만 하면 될 것으로 보였다.

먼저 들어온 그 친구가 군데군데 흩어진 잡동사니를 치우고 있었다. 통나무는 화목으로 쓰기 좋게 잘라 밖으로 가지고 나갔으며, 오징어는 보관하기 좋게 찢어 소쿠리에 담았다.

그러자 실내가 어느 정도 마무리되었고, 작업 시간도 거의 다 된 듯하였다. 공간이 꽤 넓고 보기에도 좋았다. (2015. 2. 16)

1305. 휘게 라이프

어제 오후 4복음서를 편집하다가 피곤함을 느꼈다. 대충 접어놓은 이불에 기대 누우며 기지개를 폈다. 그리고 잠시 눈을 감았더니 비몽사몽간 환상이 보였다.

너무 짧고 순식간에 일어난 일이라 그냥 지나치려고 하였다. 그런데 오늘 새벽, 기도하는 중에 그 모습이 되새겨지며 의미심장하게 다가왔다.

세계에서 가장 큰 교회를 섬기는 목사님이 천진난만하게 찬양하며 춤추는 모습이 보였다. 비록 크지는 않았으나 세상에서 가장 값지고 귀한 기타를 어깨에 둘러메고, 마치 그 유명한 가수처럼, 앞으로 나아갔다가 뒤로 물러났다가 하면서, 기타를 치기도 하고 노래도 불렀다.

그러다가 가끔 손을 들어 하나님께 영광을 돌렸다. 그 목사님은 20대 후반이나 30대 초반쯤으로 보였으며, 그야말로 젊음과 패기가 차고 넘쳤다.

청년 목사님의 마냥 기뻐하고 즐거워하는 그 모습에서, 덴마크의 유명한

'휘게 라이프(Hygge Life, 행복의 원천)'의 진수를 보는 듯하였다. (2015. 3. 1)

1306. 억척녀

자정이 조금 지나 허공을 바라보며 속으로 탄식하였다.

'내 인생이 참으로 허무하고 안타깝구나. 다시 시작할 수만 있다면 이렇게 살지는 않을 텐데.'

그때 어디선가 노랫소리가 들려왔다. 천사가 내 영혼을 어루만지며 들려주는 소리가 분명하였다. 그 가락이 너무나 애잔하고 구슬펐다. 귀를 기울여 자세히 들어보았더니 이 한 구절이었다.

"억척녀를 버리지 마라! 억척녀를 버리지 마라…!"

'억척녀가 누구란 말인가? 이 자매인가? 저 자매인가? 아니면 둘 다인가? 그것도 아니면 제3의 자매인가?'

이 문제로 종일 마음이 뒤숭숭하였으나 나중에 잡히는 감이 있었다.
(2015. 3. 6)

1307. 노인과 바다

상가가 가로로 줄을 지어 있었다. 사람들이 저마다 장사하고 있었다. 그런데 뒷산에서 내려온 어떤 사람에 의해 짓밟히기 시작하더니, 급기야 모두 허물어지고 말았다.

그때 '구. 홍. 희'라는 이름이 보였다. 언뜻 '구세주. 홍일점. 희락(기쁨)'이라는 생각이 들었다. 이는 며칠 전에 본 환상이다.

약간 높고 비탈진 언덕에서 낚시를 하였다. 옆에 있는 친구에게 낚싯대를 맡기고, 나는 땅에 앉아 무엇을 손보고 있었다. 그런데 언뜻 보니 찌가 물속으로 쑥 들어가고 있었다.

"물었어! 당겨!"

그러나 그는 낚싯대를 끌어올리지 않았다. 내가 일어나 낚싯대를 끌어당겼다. 묵직한 것이 대어가 분명하였다. 아닌 게 아니라 팔뚝만한 고기가 물 밖으로 살짝 모습을 드러냈다.

낚싯줄이 끊어질지 몰라 천천히 끌어당겼다. 절반쯤 올라오다가 갑자기 힘이 푹 빠졌다.

"이런, 빠졌나?"

미심쩍어 다시 줄을 당기기 시작하였다. 묵직한 감각이 그대로 있었다.

"아직 있었군!"

그런데 막상 끌어올려 보니 고기는 없고 살점만 조금 남아 있었다. 그때 미국 소설가 어니스트 헤밍웨이(Ernest Hemingway, 1899~1961)의 『노인과 바다』가 생각났다.

그 모습을 보고 어떤 사람이 슬그머니 다가오더니 내가 미처 손보지 못한 작은 기판 위에 납땜을 단단히 해 주었다. 그리고 크고 튼튼한 낚싯바늘 서너 개를 건네주며 아무 말 없이 떠나갔다.

얼마 후 우리 중에 있는 자매가 소쿠리에 생선을 가득 담아 강가로 씻으러 왔다. 머리를 자르고 배를 갈라 보기 좋게 손질하였다. 그때 생선

머리 하나가 물에 떠내려가 내가 주워서 건네주었다. (2015. 5. 19)

1308. 허상의 숲

어느 한 집에는 7형제가 살았고, 그 옆집에 한 여성이 살고 있었다. 하루는 남녀가 정을 통하는 소리가 밤새 들렸다. 날이 새도록 그 소리는 그칠 줄을 몰랐다.

7형제는 그들 가운데 누가 옆집 여성과 정을 통하는 것으로 생각하였다. 여기저기서 한숨짓는 소리가 터져 나왔다. 모두 뜬눈으로 밤을 새웠다. 7형제가 서로 의심의 눈초리로 바라보기 시작하였다.

그런데 7형제가 모두 한 방에 있었다. 알고 보니 방 한쪽 구석에 있던 녹음기에서 그 소리가 밤새 흘러나왔던 것이다. 7형제는 서로 민망하여 어쩔 줄을 몰랐다.

리어카 같은 경차에 많은 사람이 타고 고가도로를 달리고 있었다. 속도를 낼수록 차가 주저앉을 듯하였다. 속도를 늦출 수밖에 없었다.

저만큼 앞에 황금 숲이 끝없이 펼쳐져 있었다. 그런데 자세히 보니 군데군데 똑같은 광경이 숨어 있었다. 나무가 생긴 모양새며 돌출한 뿌리가 똑같았다. 마치 교묘한 거울로 피사체를 비추어 허상을 만들어놓은 듯하였다. (2015. 6. 1)

1309. 야생화 일상

　지난 며칠간 서너 차례에 걸쳐 본 환상이다. 이리저리 뒤틀리고 군데 군데 옹이가 박혀서, 아무도 패지 못한 통나무들이 한쪽 구석에 나뒹굴고 있었다.

　그런데 어느 날 보니, 적당한 장작이 되어 3줄로 가지런히 쌓여 있었다. 그 옆에 한 가냘픈 자매가 서 있었으나 누군지는 분명치 않았다.

　아버지가 지극히 인자한 모습으로 밝게 웃으며 자애롭게 다가와 말씀하셨다.

　"내가 강원도로 이사를 가게 되었으니 부산에서 하숙을 하더라도 열심히 살아라."

　교계 지도자들이 도열한 앞으로, '상시 근무'라는 사람이 나를 그들 가운데 밀어 넣었다. 그래서 그의 뺨을 후려치고 나중에 사과하였다.

　단상 앞으로 나아가 '양쪽 승리' 총장이 수여하는 붉은 것과 흰 것을 받았다. 하나는 기도 제목이 적힌 종이였으나 다른 하나는 분명치 않았다. (2015. 6. 17)

1310. 유토피아

눈과 코와 입이며 말투와 표정까지, '병사 용모'라는 친구와 똑같은 어린아이가 내 품에 안겨 있었다. 사랑의 표시로 뽀뽀를 하려고 보니 침을 흘리고 있었다. 그래서 입술이 아니라 이마에 하려고 하였더니 한사코 입에다 하라고 하였다.

"입술이 조금 부풀어 연고를 발랐을 뿐이야. 입에다 해."

그래서 조금 꺼림칙하기는 했으나 먼저 입술에다 살짝 하고, 이마에 또 뽀뽀를 하였다. 그 순간 무한한 사랑을 느끼며 황홀감에 빠져 하늘을 날았다.

그동안 내가 한 일과 하고 싶은 일, 그리고 가진 것과 가지고 싶은 것을 다 가지고, 이상향의 세상을 내려다보며 어디론가 훨훨 날아가고 있었다.

어느 호젓한 산길을 따라 만개한 개나리가 보였는데 장관이었다. 잘 다듬어진 길과 잘 가꾸어진 산이 온통 노란 개나리 물결로 일렁거렸다. 평소에 꿈꾼 예수나라가 환상 속에 그대로 나타나 있었다.

"아, 여기가 바로 그 낙원이구나! 내가 평소 꿈꾸던 파라다이스! 오, 무한한 사랑과 주님의 평화여! 진정한 자유와 기쁨의 향연이여! 더할 나위 없이 넉넉하고 풍성한 이상향의 유토피아여!" (2015. 6. 20)

예스 9, 기쁨의 향연

제43편

바보의 축제

1311. 파리 떼 교훈

일찍 자고 일찍 일어나 예배당에 갔다. 의자에 길게 누워 기도하다가 환상을 보았다. 대여섯 마리쯤 되는 파리 떼가 동그란 원을 그리듯 창틀에 달라붙어 있었다.

'한방에 일망타진할 수 있겠군.'

하면서 파리채를 잡으려다 잠에서 깨어났다.

'음, 교회당이군.'

그리고 얼마 후 주님의 메시지가 들려왔다.

"장애는 하나님께서 허락하신 것이다."

'그렇다면 하나님께서 나를 이렇게?'

그때 『하나님의 손에 상처 입은 사람』(조용기, 2002년)이 생각났다. 즉시 일어나 혹시 비슷한 말씀이라도 성경에 있는가 싶어 찾아보았으나 어디에도 없었다. 잠시 묵상하였다.

'사람에 따라 선천성 장애도 있지만, 후천성 장애도 있잖은가? 더러는 자기 실수로, 더러는 다른 사람이나 무슨 사고로, 더러는 병으로, 더러는 자연 재해로. 세상에 숱한 장애가 있는데, 그 모든 것이 하나님의 뜻은 아닐 테고.

그렇다면 이 말씀이 모든 사람에게 보편적으로 주어진 '로고스'가 아니라, 나에게 특별히 주어진 '레마'라는 말이군. 그런데 왜 그 말씀을 주셨을까? 더 이상 장애를 의식하지 말라는 뜻인가?

그때 나의 장애를 이유로, 지난 4개월 동안 포항 I선교회와의 교제를 일시적 외출로 규정하고, 다시 칩거하고자 마음을 먹고 있었다. 그래서 내가 또 슬럼프에 빠질까 싶어 주님께서 염려하신 것일까?

그러면 적당한 선에서 포항 중보기도 팀과 계속 교제하라는 뜻인가? 어쩌면 지금도 누군가 나를 위해 기도하고 있을 수도 있겠군.'

"오, 주여! 주님이 뜻이 종에게 이루어지기를 빕니다. 아멘." (2015. 7. 12. 주일)

1312. 잦은 건망증

어린 딸을 받아 안고 보니 속이 불편한 듯했다. 배 속에서 이상한 소리가 들려 아이를 거꾸로 세웠다. 아닌 게 아니라 맹물 같은 것을 토해냈다. 그리고 바로 세웠으나 시원치 않아 다시 거꾸로 세웠다. 또 토하였다.

그리고 아이를 바로 세우자 어느 정도 안정이 되었다. 집에 데려가 얼른 눕혀야겠다는 생각이 들어 주차장으로 갔다. 그런데 차를 어디에다 두었는지 도무지 기억이 나질 않았다. 이런 증상은 한두 번이 아니었다.

주차장을 한 바퀴 다 돌았으나 내 차는 어디에도 보이지 않았다. 그때 옷감을 파는 지인이 노점상을 펴고 있다가 나를 보고 말했다.

"양복은 저쪽에 있는 라사로 가세요. 거기가 잘해요."

"그런데 혹시 내 차 못 봤어요?"

"저기 카센터에 있겠죠?"

"카센터에?"

그러고 보니 아침에 수리를 맡긴 것이 기억났다. 차를 찾은 기쁨보다 잦은 건망증에 내 앞날의 걱정이 앞섰다. (2015. 7. 31)

1313. 선교회 스태프

지난 2015년 3월부터 7월까지 약 5개월간에 걸쳐 비전스쿨 과정을 마쳤다. 그런데 다음 기수 팀장을 맡은 사람이 9월부터 이어지는 과정의 스태프로 섬겨달라고 하였다.

두세 차례에 걸친 제안이 있었고, 선교회 간사의 부탁도 받았으나 완곡히 거절하였다. 선교에 대한 열정과 신앙적 회복은 받았으나, 그에 따른 부작용도 있었기 때문이다.

그 과정을 마친 사람들 가운데는 자신의 존재감과 열정을 회복하여 활기차게 살아가고 있다. 선교와 직결되는 것은 아니지만 나름대로 열심히 일하며 살아간다.

어떤 사람은 자기 모친과 아내, 딸 셋까지 해외 선교를 다녀왔다고 자랑하였다. 물론 자기네 돈으로 간 것이 아니라 선교회를 섬기는 사람들의 후원으로 다녀왔다. 그 금액이 1,000만 원이 넘는다고 하였다.

하나님의 은혜가 아니고 어찌 가능하겠는가? 선교회라는 고리가 없었다면 불가능하였을 것이다. 그래서 그는 무조건 목요일은 선교회를 섬긴다고 하였다. 그리고 사명으로 여겼다.

하지만 그에 따른 부작용도 만만치 않았다. 선교회를 섬기는 어떤 집사는 피아노 봉사를 하면서 결혼 패물까지 다 팔아 후원하였던바, 이제는 집에 아무것도 없다고 하였다. 아이들 학비며, 하루 세끼 밥 먹기가 버겁다고 하였다.

또 어떤 목사는 자기 교회에서 봉급을 받으며 선교회를 섬기는 일에 몰입하고, 해외 선교를 7번이나 다녀왔다고 자랑하는가 하면, 무슨 나라와 민족을 영적으로 입양했다고 하면서, 그들을 평생 섬길 것이라고 주장하였다.

게다가 어떤 집사는 경상북도 지부장이니 무슨 민족 족장이니 하면서, 다단계 같은 점조직에 들어가 섬기고 있었다. 자기 가정과 교회는 뒷전에 두고, 조직원의 애경사를 비롯하여 각종 행사에 참석하려고 거리와 비용을 불문하고 쫓아다녔다.

그런데 그 모든 현상이 종교적 세뇌에서 비롯된 것으로 보였다. 본부와 지부에서 실시하는 숱한 교육과 세미나, 선교사의 간증 등이 어딘가 모르게 이상하게 느껴졌다. 강사는 열정으로 가득한 선교사가 대부분이었다.

사실 종교는 어느 정도 세뇌가 깃들어 있기 마련이다. 하지만 열정만 가지고 신비주의에 빠지거나 막연한 계시에 우리의 인생을 맡길 수는 없다. 본연의 사명을 망각할 정도라면 분명히 문제가 있다.

일부 교단이 교제를 금지하고 그들을 미워하는 이유를 알 만하였다. 막연한 시기나 질투심에서 비롯된 것이 아니었다. 비록 이단은 아닐지라도, 이단성이 있는 사상이나 방법을 그대로 도입하였기 때문이다.

즉 세상은 악령과 성령의 두 축에 의해 지배된다는 이원론 사상이나, 현재의 정치, 사회, 경제, 문화, 과학 등이 말세를 재촉하고 있다는 세대주의 논리, 모든 민족에게 복음이 전해지면 예수님이 재림한다는 종말론 사상, 선교 시계에 따라 예수님의 재림이 우리 손에 달렸다는 급진 논리, 그 외에도 이스라엘 땅 밟기, 이상한 노래와 현란한 춤 등이 종교적으로 예민한 청년들을 세뇌하기에 충분한 요건을 갖추고 있었다.

그래서 일부 간사들이 40대, 50대가 되어도 결혼하지 않고 독신으로 지내는가 하면, 그렇게 열심히 하다가 보면 본부에서 선교사로 파송해주지 않을까 하는 막연한 기대를 하고 있다. 사실 그렇게 하다가 선교사로 나가는 경우도 있다.

하지만 아무리 그 취지가 좋다고 해도 현실적으로 일어나고 있는 부작용을 간과해서는 안 된다고 본다. 후원금을 받아 해외 선교에 이바지하고, 나름대로 주님을 맞이할 세대를 준비한다고 하지만, 한편으로 안타까운 마음을 금할 길이 없다.

목회자로서 비전스쿨에 참석하여 몇 달씩 교육받고 해외 선교를 나가는 사람들이나, 그들을 섬기며 후원하는 사람들이나, 그들을 위해 중보기도 하는 사람들이나 모두 마찬가지였다.

현실이 그러다 보니 선교회를 섬기는 것이 조심스러울 수밖에 없다. 하지만 그 선교회 설립자는 사도 바울 못지않은 열정과 바나바 같은 선한 양심을 동시에 가지고 있었다.

한국교회와 해외 한인교회의 숱한 핍박에도 끝까지 겸손을 유지하고, 그들에게 양해를 구하며 해외 선교에 열정을 쏟아붓고 있다. 그러면서 말했다.

"목사님들께서는 우리 선교회를 최대한 활용하여 한국교회를 부흥시켜 주시기 바랍니다."

그런데 문제는 그렇게 훈련받은 사람들이, 자기 교회가 아닌 선교회를 위해 헌신한다든지, 자신이 품은 해외 종족을 위해 몰입하는 등, 그동안 잘 섬기던 자기 교회를 등한시하고, 심지어 가정까지 어렵게 만들고 있다는 것이다.

그런데도 지난 5개월 동안 우리가 훈련도 받고 은혜도 받았으니, 우리를 섬긴 지난 기수 선배와 같이, 우리도 다음 기수를 위해 섬기는 것이 마땅하게 여겨졌다. 사실 한창 일할 나이에 섬길 교회가 없거나, 교회가 있어도 그만한 일이 없어 선교회를 맴도는 목사도 여럿 있었다.

그래서 나는 그에 따른 부작용을 깨닫고, 한두 번 선교회를 섬긴 후 졸업하고, 자신이 섬기는 교회로 다 돌아가야 한다고 역설하였다.

하지만 그들의 열정을 너무 매몰차게 무시하는 것도 예의가 아니라는 생각이 들었다. 그래서 한동안 갈등을 빚다가 받은 은혜를 갚아야 한다는 심정으로, 다음 기수 스태프로 섬기기로 결심하였다. (2015. 8. 11)

1314. 최고의 영성

그리고 꿈을 꾸었다. 나는 강단에서 강사로 서 있었고, 아래쪽 관중석에 지도자로 보이는 사람들이 만장하고 있었다. 그런데 맨 앞줄 가운데 그 선교회 설립자가 앉아 있었다.

그는 그 자리에서 최고 지도자로 보였고, 마치 대통령 같은 권위를 가지고 있었다. 그때 그 바로 옆에 앉은 낯익은 사람이 있었는데, 그의 귀에다 입을 대고 뭐라고 속삭이는 모습이 보였다.

무슨 방언인지 영어인지 아무튼 우리말이 아니었다. 그러자 그가 나를 똑바로 바라보면서, 아주 단호하게 자신감 넘치는 어조로 한마디 하였다.

"Go ahead!(계속 하시오!)"

그때 비전스쿨 스태프로서 갈등을 주님께 맡긴 것이 생각났다.

'오! 주님, 이제 선교회 스태프로서 섬김의 문제를 주님께 맡깁니다. 저는 아무것도 결심할 능력이 없습니다. 모든 것이 주님 뜻대로 이루어지기를 바랍니다.'

그 낯익은 사람은 선교회 간사도 아니고, 다음 기수 팀장으로 섬길 목사도 아니었다. 그는 나보다 나이가 적어 내가 단호하게 거절하자 얼굴을 붉히며 물러났으나, 그 부인은 아랑곳하지 않고 나를 스태프 명단에 강제로 넣어 밀어붙였다. 대단한 열정과 카리스마를 가지고 있었다.

'아! 그렇다면, 그 설립자 못지않은 열정과 카리스마를 가졌다고 생각한, 바로 그 부인은 세뇌당한 것이 아니라 소명을 받은 것인가?'

그렇게 하여 결국은 다음 비전스쿨 스태프가 되었다. 가장 나이 많은 고령자로, 말단 서기로, 유일한 장애인으로 선교회를 섬겼다. 그러자 마음이 편했다. 어깨에 진 무거운 짐을 내려놓은 듯하였다.

'하나님의 뜻이라면 내가 어찌하겠는가? 하나님의 뜻은 항상 나를 영화롭게 하였지.'

하지만 한편으로 두려움도 없잖아 있었다.

'이러다가 나까지 세뇌되는 것은 아닐까? 아니지, 어림없지. 이는 하나의 영성 훈련일 뿐이야. 이 시대 최고의 영성가로서, 베스트셀러 작가로서, 이 정도에 세뇌될 수는 없지. 암, 나는 21세기 최고의 영성 신학자로 세뇌될 거야!'

그리고 돌아보니 주님 앞에 서 있는 내가 약간 무안하였다. (2015. 8. 11)

1315. 돌아온 탕아

어느 건물 옆에서 배식을 받고 있었다. 다른 사람들은 식판과 수저를 들고 있었으나 나는 아무것도 없었다. 배식을 하던 자매가 보고 빙그레 웃으며 수저를 건네주었다.

그런데 받고 보니 젓가락만 3개였다. 나도 모르게 헛웃음이 나왔다. 그때 무슨 여물통 같은 것이 땅바닥에 있었다. 그걸 주워서 탁탁 털고 음식을 받았다. 뒤에서 옛 친구들이 수군거렸다.

"아니, 저 친구는 거시기 아닌가? 퇴직한 것으로 아는 데 언제 돌아왔지?"

나는 양쪽 손가락 사이사이에 반찬 그릇을 챙겼다. 밥과 국, 그리고 서너 가지 반찬을 가지고 식당 안으로 들어가려고 하였다. 그때 내 앞에서 만국기가 게양되고 있었다. (2015. 8. 12)

1316. 가오리 낚시

오랜만에 바닷가로 나갔다. 한 낚시꾼이 의기양양하게 낚시를 하고 있었다. 고기는 잡지 못했으나 시종 여유를 부리며 전문가다운 면모를 보였다.

그에 비해 나는 보잘것없는 존재였다. 그 옆에서 채비하였으나 영 서툴렀다. 바늘 3개에 겨우 미끼를 달고 물살이 약한 방파제 아래쪽으로 낚시를 던졌다.

잠시 후 찌가 2번에 걸쳐 쑥 내려갔다. 큰 고기가 물었음이 분명하였다. 살짝 당겨보니 묵직한 느낌이 들었다. 너무 큰 고기가 물려 들어올릴 수가 없었다. 밖으로 슬슬 끌어내었다.

물 위로 살짝 올라오는 놈을 보니 엄청나게 큰 가오리였다. 주변 낚시꾼이 우르르 몰려들었다. 낚싯바늘을 빼려고 하였더니 그들이 깜짝 놀라며 달려들어 가오리를 먼저 죽였다. 그리고 바늘을 뽑아주었다. (2015. 9. 6)

1317. 백마와 쥐새끼

한밤중에 마당을 서성거리고 있었다. 안방에는 불이 환하게 켜져 있었다. 그때 백마가 한 마리 나타나 안방으로 들어갔다. 머리가 지붕보다 높고, 황금 안장을 등에 장착한 아주 크고 준수한 말이었다.

언뜻 봐도 왕이나 왕자가 탈 만한 귀한 말이었다. 방에 들어가 뭘 하는가 보았더니, 주무시고 있는 아버지 옆에서 쉬고 있었다.

그때 늘 내 몸에 붙어 다니며 나를 괴롭히는 쥐새끼가 한 마리가 있었다. 그 백마를 보고 나서 너무 귀찮아졌다. 골목길로 나가 담벼락에 내팽개쳐 버렸다.

그러자 쥐새끼가 제 풀에 못 이겨 자기 꼬리를 물어뜯기 시작하였다. 쥐구멍으로 들어가다가 뒤돌아서 노려보는 쥐새끼를 보니, 예리하게 잘린 자기 꼬리를 물고 있었다. 어른 엄지보다 더 큰 꼬리를 입에 물고 씩씩거렸다. (2015. 9. 17)

1318. 얼굴 없는 괴물

예배당에서 밤새 괴팍한 소리를 지르다가 새벽 4시경에 들어와 자는 자매를 보니, 머리 위에 얼굴 없는 온갖 괴물들이 소용돌이치듯 뱅뱅 꼬여 하늘로 연결된 모습이 보였다.

"나를 괴롭히고 교회를 훼방하는 악하고 더러운 괴물들아, 볏짚이 비닐에 돌돌 말리듯 그렇게 탱탱 싸여서 저 멀리 무저갱으로 사라져버려라!"

그리고 한참 후에 보니, 마치 피자가 잘려나간 것처럼, 자매의 머리채에서 끈적끈적한 물질이 분리되어 떨어지고 있었다. (2015. 9. 17)

1319. 망각의 계절

봉고차를 몰고 교인을 태우러 갔다. 길음 시장에서 어린이와 할머니를 합쳐 10명쯤 태웠다. 우리 교회는 뒤로 돌아 정릉으로 가야 했다. 그런데 가도 가도 회전할 곳이 없었다.

그러다가 삼양동 달동네까지 올라갔다. 불법으로 유턴해야 하나 말아야 하나를 두고 갈등을 겪었다. 아이들이 보고 있어 교육상 도저히 그럴 수가 없었다.

그렇게 한참을 가다가 보니 사거리가 나왔다. 잘 되었다고 생각하며 일단 우회전한 뒤, 적당한 곳에서 유턴하여 다시 좌회전하려고 하였다.

핸들을 돌려 막 우회전하려고 하였더니 일방통행이었다. 급히 핸들을 돌려 직진하였다. 그런데 나지막한 굴다리가 앞에 있어 차가 걸릴 듯하였다. 그래서 마지막 남은 좌측 길로 급히 들어갔다. 마을 골목길이었다.

급기야 차량 통행이 어려워 차를 등에 짊어지고 가야 했다. 크게 힘들지는 않았으나 이제까지의 경험상 많은 고난이 뒤따를 듯하였다. 아닌 게 아니라 길에 눈이 쌓여 있었다.

조금 더 가다가 보니 빙판길이 나타났다. 게다가 비탈이었다. 발 하나도 제대로 놓을 공간이 없었다. 건너가기가 도저히 불가능할 것으로 여겨졌다.

그러나 내게 생사를 맡긴 아이들과 할머니들에 대한 책임감 때문에 절대 넘어져서는 안 된다는 믿음이 있었다. 과감하게 발을 내딛었다. 내 몸무게에 의해 얼음판이 깨어지면서 어느 정도 안전판이 되었다. 그래서 미끄러지지 않고 무사히 건너갔다.

이후 믿음의 자신감이 더욱 생겨 담대하게 앞으로 나아갔다. 저 앞에 큰길이 보였다. 4차선 도로가 나왔다. 옆에 버스정류장도 보였다. 아이들에게 물었다.

"여기서 정릉 가는 버스가 있는가?"

아이들이 대뜸 대답하였다.

"있어요!"

그래서 정류장에 있는 표지판을 보니 마지막 줄에 추가로 쓴 '721번'이라는 노선이 있었다. 그러고 보니 나는 정릉에 부임한 지 얼마 안 되는 목회자였다. 그래서 아이들과 지리 등이 모두 낯설었다.

'아, 이제 됐구나. 여기서 버스를 타고 가야겠다.'

그때 나는 너무 오랫동안 무거운 짐을 지고 다녔던바, 내가 차를 통째로 짊어지고 있다는 사실을 잊고 있었다. 차를 등에서 내려 몰고 가면 된다는 생각을 못 했던 것이다.

이후 나는 어디선가 친구들과 어울려 술판을 벌이고 있었다. 숱한 친구들이 오가는 가운데, 이 친구 저 친구를 맞아 술잔을 기울이며 거들먹거렸다. 내가 누군지 잊고 있었음이 분명하였다. (2015. 9. 19)

1320. 연민의 함정

언뜻 잔칫집처럼 보였으나 분명치 않았다. 어느 강가 언덕 위, 나무 그늘에 놓인 평상에 둘러앉아 음식을 먹었다. 동료 목사와 친구, 친척도 있었다. 대접을 받기는 하였으나 모든 것이 빈약하고 부족하여 아쉬웠다.

그때 내 주변을 맴도는 사람이 하나 있었다. 항상 나를 따라다니며 비웃고 조롱하였다. 그럴 수도 있으려니 생각하고 대수롭지 않게 여겼다.

어둑어둑한 저녁이 되었다. 풀숲이 우거진 한쪽 구석 도랑에서 소변을 보았다. 그가 거기까지 쫓아와 거시기를 쳐다보며 조롱하였다. 참다못해 결국은 욕을 하였다.

"이건 너무 하잖아? XX!"

그리고 그곳을 나와서 거리를 지나가고 있었다. 그가 불평하였다.

"아무리 그래도 내가 아저씨뻘인데 욕까지 하다니, 이건 너무 하잖아? 반말로…"

"아, 그래? 나는 나보다 나이는 약간 많아도 같은 항렬로 생각했는데…"

아저씨뻘이라는 그의 말에 약간 미안한 마음이 들었다. 나는 그를 내 할머니 언니의 손자 가운데 하나로 생각했으나 아들이라는 말에 그리 말했던 것이다.

그러나 여전히 이상하다는 느낌이 들었다. 내 할머니의 언니 아들이라면 나와 친분이 있을 리 만무하였다. 내 할머니가 19세기 사람인바 그 아들들도 나이가 많았기 때문이다.

그리고 보니 내가 그들에게 밥 한 끼 산 적이 없었다. 그래서 그들에게 야식이라도 한번 사야겠다는 생각이 들어 거리를 둘러보며 걸어갔다.

그때 내 옆에 있던 다른 인척이 말하였다. 그는 내 고모의 아들 가운데 하나였다. 그는 나보다 10살가량 많았으나 친구처럼 허물없이 지냈다.

하지만 그들은 모두 이 세상 사람이 아니었다. 그래서 그들은 늘 내 곁을 맴돌았지만, 단 한 번도 얼굴을 보인 적이 없었다. 그 고모 아들이 말하였다.

"내가 자주 가던 곳인데, 저기 어때?"

그가 가리킨 곳을 보니 상가 지하실로 가라오케 주점이었다.

"저긴 술 마시고 노래하는 곳이잖아?"

"맞아."

"저런 곳 말고, 조용히 식사나 하는…"

그런데 끝까지 걸어가도 식당이 보이지 않았다. 상가 지역이 끝나고 주택 단지가 이어졌다.

이어서 카트(바퀴 달린 작은 손수레)를 밀며 눈 덮인 비탈길을 올라가고 있었다. 바퀴가 고장 났는지 잘 굴러가지 않아 힘이 들었다. 오르막길을 올라가자 내리막길이 나타났다.

'아무리 그래도 내리막길에는 굴러가겠지.'

하면서 카트를 놓았더니 조금 미끄러지다가 우측에 멈춰 섰다. 너무 답답하고 힘들었다. 갈 길은 멀고 시간은 없어 정말 어려웠다. 그때 내 옆에 있던 그들이 뭐라고 하면서 나를 도와주려고 하였으나 전혀 도움이 되지 않았다.

그리고 잠에서 깨어나 보니 어이가 없었다. 카트 바퀴가 잠겨있음을 깨닫지 못했던 것이다. 그리고 얼굴 없는 그들을 계속 용납한 것도 믿음이 부족한 때문으로 여겨졌다. 그래서 마음을 다잡고 기도하였다.

"주 예수 그리스도의 이름으로 명한다! 얼굴 없는 너희들은 나를 떠나라! 그리고 우리 주 예수 그리스도의 이름으로 너를 치유하였으니, 이제 일어나 깨끗함을 입어라!"

그때 자매가 하혈병을 앓으며 병석에 누워 있었기 때문이다. 주님이 주신 권세와 능력을 사용하지 않는 것도 불신이 아니던가? (2015. 9. 20)

1321. 영적 신경증

한 후배 목사와 함께 교회당 부지를 알아보고 있었다. 저수지 위쪽에 있는 땅을 보고 내려오다가 미리 봐둔 좋은 것이 있다고 하면서 저수지를 빙 돌아 차를 세웠다.

"저 위쪽에 있는 땅입니다."

"몇 평이나 되지?"

"800평쯤 됩니다."

"땅이 커서 좋기는 하지만, 길이 가파르고 정식 길도 아니니 지적도상에 도로가 없을지 몰라. 서류를 한번 살펴봐."

"그래요?"

그리고 산에 있을 때, 중개인이 와서 서류를 보여주며 말했다.

"여기 좋은 땅이 새로 나왔어."

"아파트 단지 안이군요. 몇 세대나 됩니까?"

"750세대로 입주를 시작했어."

"전망도 좋고 딱 좋습니다."

산 아래까지 중개인을 배웅하며 말하였다.

"집사람과 상의해서 연락드리겠습니다."

"그때까지 있을지 몰라."

"그러면 오늘 밤에라도 전화를 드리겠습니다."

그리고 다시 산으로 올라가 3건의 파일을 들고 말하였다.

"젠장, 아무리 좋은 땅이 있으면 뭐 해. 총알이 있어야지."

그리고 서류를 들어 옆으로 집어던져 놓았다. 서둘러 아파트 단지가 세워진 산으로 올라가 보았다. 이미 많은 사람들이 와서 북적거렸다. 우리에게 돌아올 리 만무하다는 생각이 들어 발길을 돌렸다.

그때 어떤 사람이 자전거를 타고 산길을 내려가고 있었다. 뒤따라 내려갔다. 저수지 입구에 이르러 그는 우측으로, 나는 좌측으로 갈라졌다.

조금이라도 가로질러 가려고 저수지 안쪽으로 들어가 물가를 걸었다. 물가에 발이 푹푹 빠져 무서운 생각이 들었다. 두 손으로 잡고 서둘러 발을 뺐다.

저수지 담이 10m도 넘어 보였다. 나무를 타고 밖으로 나가려고 하였으나 휘청거렸다. 가까스로 꼭대기까지 올라가 담을 넘으려고 하였으나 너무 높았다. 그러다가 나무가 휘어져 다시 저수지 바닥으로 떨어지고 말았다.

오던 길로 다시 돌아가 단숨에 저수지 둑을 넘었다. 그 아래쪽에 논이 보였고, 논 아래 신작로 변에 우리 집이 있었다. 요리조리 이어진 꼬불꼬불한 논둑길을 단숨에 달려갔다. 맨발이었다.

하지만 내 눈이 천리안처럼 밝아 돌멩이 하나도 밟지 않고 달렸다. 오랜만에 건강한 두 발로 달리니 기분이 상쾌하였다. 신작로에 내려가 집을 향해 걸어갔다. '병환 사용'이라는 친구가 먼저 내려와 있다가 말했다.

"그 험한 길을 맨발로 달려오다니 정말 대단해."

집에 이르자 어느덧 어둑어둑한 밤이 되었다. 어머니는 병환으로 방에 누워 있었고, 아버지는 부엌에서 저녁을 준비하고 있었다. (2015. 9. 21)

1322. 기억의 정화

오랫동안 자매와 여행을 하였다. 어느 여관으로 들어가 자리에 누웠다. 그때 문득 기억이 나서 말하였다.

"이제 그 뱀을 내려놓자."

그러니까 오래전의 일이다. 자매에게 뱀을 맡기며 당분간 가지고 있으라고 하였다. 그런데 그동안 쭉 잊고 지냈다. 자리에서 일어나 자매와 함께 복도로 나갔다. 자매가 가슴에서 뱀을 꺼내려고 하였다.

"잠깐만! 뱀이 달려들어 물지도 모르니 가만히 있어 봐!"

그리고 뱀을 제어할 도구를 찾았으나 아무것도 없었다. 로비로 갔다. 로비에도 적당한 것이 보이지 않았다. 그래서 다시 밖으로 나갔다. 밖에 몽당 빗자루가 있었다. 그걸 단단히 잡고 말하였다.

"이제 꺼내!"

그러자 자매가 가슴에서 뱀을 꺼내며 말했다.

"붉은 물이 나올 거야!"

그런데 정말 뱀의 몸에서 붉은 물이 나왔다. 그리고 전혀 힘을 쓰지 못했다. 크기는 어른 팔뚝만 하고 길이는 1m도 넘었으나, 피골이 상접하여 등과 배가 맞닿아 있었다.

너무 오랫동안 아무것도 먹지 못해 그런 듯하였다. 소방 호스처럼 이리저리 접히다가 결국은 언덕 아래로 미끄러지고 말았다.

그때 겉모습은 오리처럼 생겼으나 난생처음 보는 새가 다가와 그 뱀을 잡아먹으려고 하였다. 뱀이 마지막 남은 힘을 다해 고개를 쳐들고 겁을 주었다.

그러나 새는 로봇처럼 전혀 개의치 않았다. 그리고 식사하기 전에 먼저 맛을 보듯, 뱀의 대가리를 쪽쪽 빨고 핥으며 입맛을 다시다가 내려놓곤 하였다.

그제야 안심이 되어 들고 있던 빗자루를 내려놓았다. 그동안 당연히 그러려니 하면서 살았으나 항상 찜찜한 마음이 있었다. 그러다가 오래간만에 기분이 홀가분하였다. (2015. 10. 11. 주일)

1323. 주님의 선물

주의 종으로서 나름대로 열심히 산다고 하였으나 어딘가 모르게 초조하고 불안하였다. 항상 쫓기는 삶이었다. 그러던 어느 날 섬뜩한 느낌이 들어 창문을 닫고 출입문을 걸어 잠갔다.

그곳은 지하실로 어두침침하였다. 바깥은 더욱 칠흑같이 어두웠다. 내 옆에 스산한 무덤이 있었다. 순간 소름이 쫙 끼치며 머리털이 삐쭉 솟구쳤다. 이 꿈을 꾸면서 내 몸이 실제로 전율을 일으켰다.

그때 아무리 문을 닫아걸어도 악귀 앞에서는 아무 소용이 없다는 생각이 들었다. 귀신도 시공을 초월하는 영물이었기 때문이다. 육신을 가진 인간의 한계를 인정할 수밖에 없었다.

그렇다면, 아무리 애써 봐도 소용이 없다면, 아예 문을 활짝 열어놓고 나를 노출하는 편이 오히려 나을 것 같았다. 나를 지키려는 본능을 포기하는 믿음의 담력이 필요하다는 느낌이 들었다. 그때 주님의 말씀이 불현듯 떠올랐다.

'누구든지 살려고 하면 죽을 것이요, 죽으려고 하면 살 것이다!' (누가 9. 24)

"그래, 죽어야 산다!"

그리고 주님께 모든 것을 맡기고 조용히 눈을 감았다. 그때 보이지 않는 보호막이 나를 둘러싸고 있음을 느꼈다. 더할 나위 없는 자유와 평화가 임하면서 무한한 기쁨이 나를 사로잡았다.

세상에서 느낄 수 없는 황홀한 기분이 한참 동안 나를 휘어잡았다. 그때 진정한 감사의 기도가 자연스럽게 우러나왔다.

"오, 주여! 이제야 주님의 살아계심을 보았고 알았습니다. 그동안 알지 못해 믿지 못했고, 믿지 못해 누리지 못했습니다. 저는 주님의 종입니다. 저를 받아주십시오. 이제 제 인생을 통째로 주님께 맡깁니다. 제 삶과 죽음도 주님의 것입니다.

오, 이 기쁨! 이 자유! 이 평화! 이는 참으로 주님의 선물입니다. 이 세상 어디에서 이 기쁨을 맛볼 수 있겠으며, 어떻게 이 자유를 누릴 수 있겠으며, 무슨 수로 이 평화를 찾을 수 있겠습니까?" (2015. 10. 16)

1324. 잔치와 자선

언젠가 한번 오솔길을 따라가 본 적이 있는 옹달샘에 차를 타고 큰길로 빙 돌아서 다시 찾아가 보았다. 그사이 누군가 공사를 하여 길가에서 물을 받아먹을 수 있도록 만들어 놓았다.

산속의 쾌적한 환경에 물은 여전히 맑고 시원하였다. 함께 간 '밝고 빛남'이 그 물을 마시고 감탄사를 연발하였다.

"바로 이거야! 이 물이 바로 생명수야!"

그때 내 마음에 주님의 메시지가 들려왔다.

"이제는 잔치가 아니라 자선이다!"

"오, 주님! 그렇습니다. 이제 잔치는 끝났고 자선이 시작되었습니다. 제 인생을 통째로 주님께 바칩니다."

그러자 몇몇 자선 단체가 생각났다.

"그렇습니다. 저의 모든 것이 주의 것이니 주님 뜻대로 사용하여 주십시오!" (2015. 10. 20)

1325. 아들의 짐

언젠가 무기력하고 나약한 아들을 보고 호되게 나무란 적이 있었다. 그리고 상당한 세월이 흘러 다시 아들을 보았다. 하지만 별로 변한 것이 없었다. 안타깝기도 하고 화가 나기도 하여 얼굴을 찌푸렸다.

그러자 아들이 지레 겁을 먹고 우산대로 자기 배를 찌르는 흉내를 내었다. 하지만 실제로 행동에 옮길 것 같지는 않았는바 그대로 두고 다시 세월이 지났다.

그리고 무슨 일이 있어 그곳을 지나다 보니, 아들은 아예 솥을 뒤집어쓰고 땅에 처박혀 얼굴도 보이지 않았다. 하지만 직감으로 아들이 그 속에 있다는 사실을 알았다.

같이 가던 사람이 그냥 모른 체하고 지나가자고 하였으나 도저히 그럴 수 없었다. 발걸음을 멈추고 한쪽 구석에 처박힌 솥을 지팡이로 툭툭 치며 말하였다.

"이제 나오너라!"

그러자 아들이 잔뜩 겁을 먹고 말하였다.

"나가려고 하는데 왜 자꾸 때려요!"

나는 전혀 때릴 생각이 없었으나 아들이 지레 겁을 먹고 그렇게 말했던 것이다. 너무나 안쓰럽고 마음이 아렸다. 그리고 솥이 뒤집히는 것을 보니, 냄비 같은 작은 솥에 쌀뜨물 같은 물이 찰랑찰랑 넘치고 있었다.

그런데 그 속에 아들이 들어 있었다. 얼마나 숨이 막혔을까 생각하니 가슴이 먹먹하고 숨이 꽉 막혔다. 그 속에서 아들의 머리가 불쑥 나오더니 크게 숨을 내쉬었다.

그리고 아들이 입에서 거품 같은 것을 내뿜더니, 그동안 숨통을 틀어막은 것으로 보이는 허연 걸레 조각 같은 것이 밀려나왔다. 보기가 역겨워 정말 쥐구멍이라도 있으면 들어가고 싶었다.

그때 꿈에서 깨어났다. 너무 안타까운 마음에 가슴이 벌렁거렸다. 아들을 솥에서 완전히 끌어내지 못한 것이 못내 아쉬웠다. 그런데 그 아들이 바로 나 자신처럼 느껴졌다.

"오, 주여! 그렇습니다. 제 아들이 아니라 바로 제 자신입니다. 참으로 감사합니다. 아들이 아니라서 천만다행입니다. 사실 아들이 무슨 죄가 있겠습니까? 다 제 잘못이요, 제가 못난 탓입니다.

혹시라도 아들에게 무슨 문제가 있다면 저를 대신 벌하여 주십시오. 제가 모든 짐을 지고 가겠습니다. 그 모든 짐을 제가 지도록 도와주십시오!" (2015. 11. 9)

1326. 부정 위원회

새벽기도를 드리고 돌아와서 다시 잠이 들었다. 아주 짧은 시간에 은혜로운 꿈을 꾸었다. 나 자신의 홈페이지가 보였다. 화면의 왼편 절반 위쪽 중간쯤에 가로로 아이콘 5개가 나란히 있었다.

그런데 우측 5번째 아이콘이 '부정 위원회'였다가 순간적으로 '긍정 위원회'로 바뀌는 모습이 보였다. 붉은 글씨 '부정'이 파란 글씨 '긍정'으로 순식간에 바뀌었다. 그때 내 마음에 기쁨이 용솟음쳤고 평화가 깃들었다.

그리고 추수감사절 예배를 드리며 성찬식을 했다. 이어서 점심식사를 하며 꿈 이야기를 하였다. 그러자 함께 예배드린 협동목사와 여전도사가 이구동성으로 나의 부정적 생각을 긍정적 생각으로 바꿔달라는 기도를 드렸다고 하였다.

그래서 다 같이 참 좋으신 하나님께 영광을 돌렸다. 그때 그들은 교회당을 리모델링하자고 졸랐으나 나는 비용 문제로 부정적 입장을 견지하고 있었다.

지난 1주일 동안 출입문의 예배 안내와 봉고차의 교회 스티커를 새로 제작하여 붙였다. 2014년형 미가엘 반주기와 49인치 벽걸이형 모니터를 구입하였고, 옥상 십자가 수리와 도로변 입간판도 주문하였다.

그리고 옆에 있는 창고를 예배당으로 사용하기 위해 견적을 받기로 하였다. 건물도 남의 소유였지만, 수천만 원이 들어가는 비용을 감당할 여력이 없었던바, 그동안 차일피일하며 미적거릴 수밖에 없었다.

하지만 그들은 여러 사례를 들며 하나님께서 채워주실 것이라고 하였다. 그들은 믿음을 강조했으나 나는 신중을 기할 수밖에 없었다. 그 비용을 내가 책임질 수밖에 없었기 때문이다. (2015. 11. 15)

1327. 교회당 수리

새벽녘에 꿈을 꾸었다. 할아버지가 산에서 나무를 베어다가 손수 지었던 우리 집, 내가 어릴 때 살았던 초가삼간을 둘러보았다. 불현듯 생각나는 바가 있어 집안 청소를 시작하였다.

안방에 이어 사랑방에 들어가 사방 구석구석을 살펴보았다. 기둥 아래 무슨 얼룩 같기도 하고, 물거품 같기도 한 것이 있어 닦기도 하고 지우기도 하였다.

그리고 방안을 쭉 둘러보았다. 내가 오래전에 입었던 작업복이며 수건이 먼지에 쌓인 채 벽에 걸려 있었다. 할아버지가 돌아가실 때까지 기거한 방으로 특유의 냄새가 남아 있는 듯하였다.

그때 방안에 무슨 기운이 감돌고 있음을 느끼고 서둘러 밖으로 나왔다. 그런데 문지방 아래쪽 처마에 10장쯤 되는 화투장이 떨어져 있었다.

순간 생각나는 바가 있어 한 장 한 장 주워서 방에 집어넣고 마당으로 나왔다. 아닌 게 아니라 방에서 어떤 사람이 나왔다. 30대 청년으로 보였으나 그 모습은 분명치 않았다. 그가 친절하고 다정하게 말하였다.

"지금 당장 사는 것은 별문제가 없지만, 나중에 사람들이 오면 지낼 방이 없잖은가?"

나는 어찌할 바를 몰라 당황하였다. 교회당을 수리해야 한다는 뜻으로 대뜸 알아들었으나, 내 형편이 그러지를 못했기 때문이다. 그런데 내 사정을 잘 안다는 듯 그가 다시 말했다.

"내가 옆에 있으니 내가 도와줄 것이다."

그래서 또 생각나는 바가 있어 물었다.

"당신은 누구십니까?"

그러자 그는 안개와 같이 스르르 사라지고 나는 현실로 돌아왔다. 예배당에 가서 주님께 여쭤보았다. 교회당 수리를 위해 무엇인가 분명히 뜻하시는 바가 있었지만, 내 믿음은 여전히 확연치 않았다. (2015. 11. 23)

1328. 서번트 증후군

아주 가파르고 높은 산이 보였다. 가운데 정상 부분이 바위로 솟구친 모습이, 마치 북한산의 인수봉과 비슷하다는 생각이 들었다.

그런데 멀리서 보니 마치 거인의 손바닥 같았다. 산 아래쪽으로 끝없이 이어진 낭떠러지가 있었다. 수천 길이 되는지, 수만 길이 되는지 상상조차 하기 힘들었다.

언젠가 그곳을 올라간 기억이 났다. 한 번도 아니고 두 번씩이나. 생각만 해도 몸서리치고 아찔하였다. 다시는 그런 일이 없을 것으로 생각하며 몸을 떨었다.

그러나 그 자리에 내가 또 서 있었다. 꼭대기 바위틈에 있는 나무뿌리를 오른손으로 붙잡고 간신히 매달려 있었다. 이제 살아날 가망이 없다는 생각이 들었다. 하지만 마음이 편했다.

예전 같으면 잡고 있는 나무뿌리가 떨어지거나 뽑힐 것을 염려하면서, 천 길 낭떠러지로 떨어질 것을 상상하고 몸서리쳤을 터인데 이번에는 달랐다. 잠시나마 모든 생각을 잊고 잡은 나무뿌리만 유심히 쳐다보았다.

그러다가 나무뿌리를 잡고 있는 손등 위에 어린아이 주먹만 한 공간이 있다는 사실을 발견하였다. 거기 내 오른쪽 다리를 끼우면 위로 올라갈 수 있을 것 같았다.

그래서 내 다리를 보니 무릎 아래 10cm쯤 되는 부분이 절단된 상태였고, 모진 세월에 뼈와 껍질만 남아 있었다. 엉덩이 살이 쭉 빠져 들어 올리는 데 힘도 들지 않았다.

가뿐히 다리를 들어서 잡고 있는 오른쪽 손등 위의 구멍으로 밀어 넣었다. 그러자 내 오른쪽 손과 오른쪽 다리가 함께 힘을 발휘하여 내 몸을 쉽게 끌어올릴 수 있었다. 그때 아래쪽으로 수천 길 낭떠러지가 있다는 생각이 들었다.

"안 돼! 보지 마! 나무만 봐!"

어디선가 나를 재촉하는 소리가 들려왔다. 나도 나를 재촉하였다.

"그래, 위만 봐! 아래는 보지 마!"

그래서 나는 몸을 들어 위로 사뿐히 올라갔다. 평소 치명적 핸디캡으로 생각하던 장애가 결정적 기회를 제공하여 죽음의 문턱에서 벗어나게 되었다.

그때 내게도 서번트 증후군(savant syndrome, 장애인의 희귀한 재능)이 있다는 사실을 발견하였다.

"그러고 보니 세상에 감사하지 않을 일이 하나도 없지 않은가?"

그리고 그곳에 분주히 오가는 사람들이 많은 것을 보고 경고판을 세우기로 하였다. 먼저 튼튼한 기둥을 박고 판때기에 글을 써서 대못을 박아 붙였다.

'천 길 낭떠러지! 절대 접근 금지!' (2015. 12. 11)

1329. 생의 이파리

옆집 부엌 뒤편 처마 아래쪽에 쌓아 놓은 장작더미에 불이 붙었다. '돌산'이라는 사람이 춥다는 핑계로 불을 지폈다가 불이 났던 것이다. 바싹 마른 장작에 붙은 불은 금방 우리 집까지 번질 기세였다. 대야에 물을 떠다가 몇 차례 뿌려보았으나 어림도 없었다.

아예 멀리 달아나려고 자전거를 타고 가다가 다시 돌아왔다. 신작로 맞은편 학교에 들어가 어찌 되는지 지켜보았다. 얼마 후 큰 폭발음과 함께 시뻘건 불기둥이 치솟았다. 우리 집이 앞으로 무너졌다.

그때 학교가 흔들렸다. 학교 건물이 뒤로 기우는 듯하였다. 서둘러 물러나 난간을 잡았다. 학교가 돌산 위에 세워져 있었다. 통로 옆에 옹벽이 있었고, 그 아래는 낭떠러지였다. 옹벽까지 흔들렸다.

오른쪽에 쪽문이 보였다. 다행히 열려 있었다. 가파른 돌산 옆으로 좁은 길이 이어져 있었다. 그 앞은 솔밭이었다. (2015. 12. 25. 성탄절)

1330. 제단의 제물

자매가 기도원에 가자고 졸랐다. 마지못해 어느 기도원으로 갔다. 인출할 수 있는 돈을 모조리 찾아갔다. 얼마 후 헌금할 돈이 다 떨어졌다.
'이제야 비로소 빈털터리가 되었군.'

그런데 위쪽 제단은 마감되었으나, 아래쪽 제단은 여전히 열려 있었다. 무엇인가 아직 더 바칠 것이 있다는 뜻으로 다가왔다.

그래서 살펴보니 우리 예배당이 있었다. 땅과 건물의 소유권은 남에게 있었으나 사용권은 우리에게 있었다. 그래서 예배당 사용권까지 제단에 바쳤다.

그리고 홀가분한 마음으로 다시 제단을 둘러보았다. 제단 위에 희끄무레한 이상한 물건이 있었다. 언뜻 보니 죽은 문어를 아무렇게 내팽개쳐

놓은 듯하였다.

죽은 문어 다리가 이리저리 뒤틀리고 꼬부라진 상태로 얽히고설켜 있었다. 어찌 보니 외계인 시체 같기도 하였다. 그 징그러운 물건의 면면을 살펴보다가 소스라치게 놀랐다. 그게 바로 내 몸이었던 것이다.

"오, 주여! 저렇듯 부정한 물건이 어떻게 감히 제단에 바쳐진 제물이 되었습니까? 아무짝에도 쓸모없는 저 만신창이를 말입니다. 저는 여전히 죄인이고 욕심쟁이입니다.

오, 주여! 그러고 보니 주님의 것을 내 것이라 생각하고, 주님의 몸을 내 몸이라 여기며 살았습니다. 이 부정한 종이 언제나 성화하여 주님 앞에 바로 설 수 있겠습니까?" (2015. 12. 26)

1331. 작은 자

원수가 와서 담장 위에 있는 작은 자를 칼로 찔렀다. 그는 담장 위를 오가며 누군가를 기다리고 있었다. 또 밭에서 일하는 작은 자매를 경찰이 간첩으로 오인하여 총을 쏘았다.

다행히 꿈이었다. 옆에서 자고 있는 작은 자매가 왜 그리 측은한지 다시 한 번 쳐다보았다.

'그래, 이제부터라도 죽어가는 모든 것을 사랑해야지. 그리고 나한테 주어진 길을 걸어가야겠다. 70년 전의 바로 그 시인처럼.' (2015. 12. 28)

1332. 망각의 시간

자전거를 타고 내려가다가 폭이 좁고 고가 높으며 경사가 심한 계단을 만났다. 첫째 계단은 유달리 높아 뒤로 누워서 가까스로 발을 내렸다.

그런데 둘째 계단에서 내려다보니 아래쪽 계단이 없었다. 오른손에 잡고 있던 자전거가 큰 짐이 되어 아래로 던져버렸다. 우측 창틀에서 한번 팅기더니 대문 앞에 떨어졌다.

집주인으로 보이는 젊은 부인이 거기 앉아 무슨 일을 하다가 자전거를 힐끗 쳐다보았다. 그러나 대수롭지 않은 듯 서둘러 일을 마치고 안으로 들어갔다.

위를 쳐다보니 까마득하였고, 아래를 내려다보니 아찔하였다. 허공에 매달려 어찌할 방법이 없었다. 마치 배관 없는 수도꼭지에 매달려 있는 기분이었다. 그때 아래쪽에 사람들이 있어 말을 건넸다.

"여기 사다리 좀 없어요?"

"아, 잠깐만요!"

어떤 사람이 서둘러 사다리를 들고 와 끊어진 계단에 걸쳐 놓았다. 쉽게 아래로 내려갔다. 그러고 보니 2층 양옥집 옥상에서 내려오다가 계단이 끊어져 매달려 있었다. 아주 평범한 양옥집이었다.

그때 대여섯 명의 남성이 빙 둘러서서 나를 쳐다보고 있었다. 그 가운데 한 청년이 머리를 긁적이며 말하였다.

"혹시 영등포에서 예수를…"

그러고 보니 얼굴이 많이 익었다. 하지만 기억이 나질 않았다. 영등포에서 무슨 일을 하다가 그를 알게 되었는지 무척 궁금하였다.

"아, 맞아요! 그런데…."

그러자 그가 옆에 있는 한 사람을 소개하였다. 내 우편에 키가 작고 얼굴이 까무스름하며 체격이 다부지게 생긴 50대 후반의 사람이 있었다. 그가 겸연쩍은 듯이 고개를 돌렸다.

불과 얼마 전에 소개를 받아 알게 된 사람이었으나 도무지 기억이 나질 않았다. 흔히 있는 일이라 웃으며 손을 내밀며 악수를 청하였다.

"아니, 노회장님 아니십니까?"

그제야 그도 웃으며 말하였다.

"예? 사실은 노회장이 맞습니다."

그러고 보니 그는 양산에 있는 어느 신학교의 이사장이었다. 그리고 그 청년이 그 집 아주머니를 소개하였다.

"그리고 저기 전도사님도…. 전도사님!"

그러나 나는 여전히 생각이 나질 않았다. 건망증인지, 인지장애인지, 아니면 치매인지 정말 답답하였다. (2015. 12. 31)

제44편

천국 사무소

1333. 위험한 낚시

들판에 있다가 말벌의 공격을 받았다. 뒤돌아보니 한두 마리가 아니었다. 10여 마리나 되는 벌떼가 목덜미를 집중적으로 공격하였다. 텐트 속으로 들어가 이불을 뒤집어썼다.

얼마 후 벌떼가 사라지자 다리 난간에 앉아 낚시를 하였다. 낚싯대 없이 줄만 잡고 있었다. 다리 왼편 중간쯤에 낚싯줄을 던졌다. 순간 찌가 물속으로 쑥 들어가며 줄이 급속히 끌려 들어갔다. 힘껏 잡아당겨 보았으나 소용이 없었다.

낚싯줄을 따라 왼쪽으로 자리를 이동하였다. 줄이 계속 들어가 다리 아래쪽으로 팔을 뻗어 내렸다. 5cm 정도 남긴 상태에서 줄이 멈췄다.

검지에 남은 줄을 탱탱 감아 고기를 끌어올리려고 하였다. 그런데 겁이 덜컥 났다. 너무 큰 고기가 물지나 않았는지 두려웠기 때문이다.
(2016. 1. 14)

1334. 사나운 물결

교정을 보다가 피곤하여 잠시 바닥에 누웠더니 환상이 보였다. 오늘도 낚시를 하고 있었다. 물결이 흉흉하였다. 한 친구가 우편에 와서 낚시를 던졌다.

내 낚싯줄이 그의 낚싯줄과 뒤엉켜 잡아당겼더니 뒤로 팅겨 나왔다. 줄을 거두려고 일어나 보니 이게 웬일인가? 심상찮은 물결이 내 발까지 밀려와 일렁거리고 있었다.

그때 보니 다리도 이미 물에 잠기고 보이지 않았다. 평소 그 다리 위에서 낚시를 하였다. 어젯밤 꿈에도 거기서 낚시를 하다가 두려움을 느꼈다. 물이 엄청나게 불어나고 있었다.

벗어놓은 옷가지가 풀숲에 있었으나 주울 엄두를 못 냈다. 바로 앞에 사나운 물결이 출렁거렸고, 그곳이 급경사였으며, 자칫 미끄러질 경우 수십 길이나 되는 물속으로 빨려 들어갈 것 같았기 때문이다.

내 우편에서 낚시하는 친구가 궁금하였으나 그를 돌아볼 여유가 없었다. 그때 꿈에서 깨어 눈을 떴으나 일어나지 못했다. 소름이 쫙 돋았기 때문이다. 올해 들어 벌써 이틀 연속 무서운 꿈을 꾸었다. (2016. 1. 15)

1335. 마음의 아픔

우리 중에 한 자매가 있었다. 사사건건 나를 힘들게 하였다. 선천적 기질과 지방적 특성, 후천적 의부증이 함께 있었다. 참다못해 자매의 뺨을 후려쳤다. 한번 때리니 30대가 날아갔다. 마음이 아팠다. 악착같이 반항하며 달려들었다.

그때 방문이 열려 있었다. 마당에 구경꾼들이 몰려왔다. 그들을 의식하여 다시 후려쳤다. 또 30대가 날아갔다. 마음이 아팠다. 찰거머리같이 계속 달려들었다.

내 분을 이기지 못하고 또 후려쳤다. 또다시 30대가 날아갔다. 죽기 아니면 살기로 자매가 계속 달려들었다. 그래서 또 치려고 하였다. 그때 자매가 풀썩 주저앉았다. 돗자리를 들치고 통장 4개를 내주며 말하였다.

"이제 마음대로 해!"

그 순간 가슴이 미어지며 심장이 벌렁거렸다. 꿈에서 깨어나 현실로 돌아왔지만 일어날 수가 없었다. 10년 전 40일씩 3차례에 걸쳐 기도하고, 2주간에 걸쳐 눈물과 콧물로 회개한 것이 기억났다.

지금 이 자매의 모습이 그때의 나 자신처럼 느껴져 너무 마음이 아팠다. (2016. 1. 19)

1336. 지워진 이름

'마지막 규정'이라는 친구에게 운전을 맡기고 조수석에 앉아 있었다. 하이웨이(highway)를 신나게 달리고 있을 때 맞은편에서 빨간 관광버스가 달려왔다. 그런데 버스가 오는 차선으로 우리 차가 달리고 있었다.

서로가 급히 피하기는 하였으나 버스 1/4쯤과 우리 차 1/3쯤이 충돌하였다. 나를 죽이려고 고의로 낸 사고가 아닌지 의심스러웠다. 그때 꿈에서 깨어나게 되었으나 영 마음이 찜찜하였다. (2016. 1. 20)

1337. 그릇 비우기

내 그릇을 비우고 있었다.

"이것은?"

하다가 그것도 비웠다.

"이것만은?"

하면서 그마저 비웠다. 그런데 끝이 없었다. 비몽사몽 간 밤새도록 비우기가 이어졌다.

"이제는 다 비웠겠지!"

하고 보니 여전히 남아 있었다. 그릇을 보니 아직 반도 비워지지 않았다. 그래서 비우고 또 비우고 계속 비웠다. 그러다가 새벽이 되었다.

이제 거의 다 비운 것 같았다. 눈을 뜨고 보니 온갖 그릇이 산더미처럼 쌓여 있었다. 마음의 그릇, 생각의 그릇, 본능의 그릇, 감정의 그릇, 이성의 그릇, 사지백체의 그릇, 오장육부의 그릇, 오욕칠정 등의 잡다한 그릇이 다 있었다. (2016. 1. 22)

1338. 스케치 그림

스케치 그림이 하나 보였다. 어떤 사람이 사지가 축 늘어진 인간을 끌어안고 있었다. 자세히 보니 예수님이 나를 안고 있었다. (2016. 1. 23)

1339. 마음의 저울

어느 산에서 야영을 하다가 떠나려고 하였다. 여러 사람이 함께 있었으나 내가 먼저 길을 나섰다. 혼자 가는 것을 좋아하기도 하였으나 장애가 있었기 때문이다.

조그만 언덕 위의 집에 도착하여 창문을 통해 그들의 모습을 지켜보았다. 삼삼오오 무리를 지어 오다가 저마다 골목길로 들어갔다. 사창가였다.

그들 가운데 평소 친하게 지내던 친구들, 곧 '덕망', '현자', '찬양', '아들' 등도 끼어 있었다. 그들이 사창가로 들어가 희희낙락하며 세상 연락을 즐겼다.

그러다가 옷을 벗고 온갖 음란한 짓을 하였다. 그 모습을 물끄러미 바라보다가 비탈길을 따라 내려갔다. 그때 나는 근엄한 모습을 하고 있었다.

그때 한 친구가 길에 있어 뭐라고 물어보았으나 그는 대꾸도 하지 않았다. 이상히 여겨 돌아보니 한쪽 구석에 쪼그리고 앉아 어딘가 전화를 하였다.

그리고 조금 더 내려갔더니, 방금 본 그 친구와 다른 친구가 한 여자를 두고 음란한 짓을 하였다. 갑자기 화대가 궁금하여 물어보았다.

"저렇게 남자가 3명이 같이 놀면 각자 10만 원씩 주는 거야, 아니면 합쳐서 10만 원만 주는 거야?"

"그냥 10만 원만 주면 돼. 그래도 할 짓은 다 해."

호기심에 그리 물어보기는 하였으나 그들과 같이 놀 생각은 추호도 없었다. 머리를 가지런히 빗어 넘기고 단정한 복장을 한 내 모습을 보는 순간, 그러고 싶어도 그럴 수가 없다는 사실을 잘 알고 있었기 때문이다.

그때 자매가 저만큼 앞쪽에 있는 건물로 들어가더니 봉투 2개를 받아 내게 건네주었다. 무슨 목적 헌금으로 보였다. 그리고 어느 외딴곳에 교실 한 칸쯤 되는 단층 목조 건물이 지어지고 있었다. (2016. 2. 6)

1340. 루비콘 강

이런저런 일을 하며 밤새 고군분투하다가 새벽녘에 큰 강을 건넜다. 그리 깊지는 않으나 강폭이 넓고 길었다. 다시는 돌아오지 못할 루비콘(Rubicon) 강처럼 여겨졌다.

그 강을 건너가 말을 타게 되었다. 아주 준수한 백말이었다. 이제까지 본 다른 말보다 어깨 위는 더 컸다. 100mm 쇠 파이프로 된 튼튼한 마차를 끌었다.

그러고 보니 오래전에 나타났다가 사라진 그 백말이었다. 앞발을 높이 들고 크게 소리를 지르며 나타난 그 말은, 황금 안장을 하고 있었으며 머리가 지붕을 훌쩍 넘었다.

그 백말을 타고 당당하게 앞으로 나아갔다. 내 길을 방해할 원수는 더 이상 없을 것으로 여겨졌다. 예수나라의 긍지이자 자부심으로 다가왔다. (2016. 2. 18)

1341. 생명의 소리

어느 바닷가 갯바위에 천막을 치고 있다가, 예배드릴 곳을 찾기 위해 아래쪽으로 내려가 보았다. 거기 구멍이 뻥 뚫어져 있었다. 오랜 세월을 거치며 동굴이 만들어졌던 것이다. 위에 있는 사람들이 위험하여 얼른 내려오라고 하였다.

그러고 보니 얇고 날카로운 너럭바위 끄트머리에 내가 서 있었다. 바로 코앞에 시커먼 바닷물이 출렁거렸다. 혹시 바위가 떨어지거나 발이라도 미끄러지는 날이면, 흉흉한 물속으로 빨려 들어가 흔적도 없이 사라질 것으로 보였다. 청석돌을 붙잡고 조심스럽게 너럭바위로 올라갔다.

너럭바위 아래쪽이 동굴이었고, 사나운 물결이 계속 그 속으로 몰아치고 있었는바 언제 무너질지 몰랐다. 천막은 물론이고 거기 서 있는 자체가 매우 위험하였다. 그래서 사람들은 모두 떠났고 날도 저물었다.

그때 밀물 시간으로 너럭바위까지 물이 올라오기 시작하였다. 서둘렀다. 그런데 노란 노루 새끼 1마리가 물에 빠져 떠밀려오고 있었다. 물속에 쑥 들어갔다가 올라오면서 내가 있는 앞으로 밀려왔다. 그냥 두고 갈수가 없었다. 건져서 안고 밖으로 나왔다.

또 손바닥만 하고 예쁘장하게 생긴 물고기 1마리가 바위틈에서 숨을 몰아쉬고 있었다. 낚싯줄에 걸렸다가 떨어진 것으로 보였다. 그냥 두고 가면 곧 죽을 것 같았다.

마침 옆에 작은 웅덩이가 있어 그리로 밀어 넣었더니 펄쩍 뛰며 위로 올라가려고 하였다. 하지만 벽을 넘지 못하고 다시 웅덩이에 떨어졌다. 하지만 잠시 후 물이 차면 쉽게 빠져나갈 것으로 보였다.

그리고 서둘러 너럭바위를 벗어나 오솔길로 접어들었다. 가족들이 나를 기다리다 힐끗힐끗 뒤돌아보며 기차역으로 들어가고 있었다. 가까스로 마지막 기차를 타고 가족들을 만나게 되었다. (2016. 2. 28. 주일)

1342. 하늘 여행

무리를 지어 하늘 여행을 계속하고 있었다. 나는 10번째였다. 여행을 마친 사람들이 순서대로 줄을 서서 하늘을 쳐다보았다. 그런데 11번째 여행을 하는 사람들이 보이지 않았다.

이리저리 찾다가 특이한 구름을 하나 발견하였다. 악수하듯 손에 손을 맞잡은 흰 구름이었다. 아닌 게 아니라 그 구름 속에 붉고 안락한 의자가 있었고, 사람들이 평화롭게 앉아 담소하고 있었다.

그들이 하늘 여행을 마치고 지상에 내려왔다. 그들 가운데 한 사람이 내게 다가와 메시지를 전하였다.

"이제 결혼도 하고 옥동자도 얻을 것입니다."

그러고 보니 이제까지 나는 늘 혼자였고, 내게는 아무것도 없었다.

(2016. 3. 6. 주일)

1343. 키메라 냉이

이제 완연한 봄이다. 자매가 냉이를 한 바구니 캐 왔다. 튀겨 먹고 무쳐 먹고 국도 끓여 먹었다. 그런데 배가 아프기 시작하였다. 원인도 모른 채 3일을 고생했다.

새벽에 주님이 일깨워주셨다. 지난해에도 냉이를 먹고 배가 아팠던 것을 기억나게 하셨다. 똑같은 증상이었다. 과수원에 농약을 많이 뿌렸던 바 냉이가 오염되었던 것이다.

이후 과수원에서 자라난 냉이는 아무리 무성해도 쳐다보지 않았다. 알게 모르게 키메라(chimera, 이중성) 식물이 되었던 것이다. 기도를 마치고 돌아와 다시 자리에 누웠다. 잠시 단잠을 자면서 꿈을 꾸었다.

국가와 민족을 위해 헌신적으로 일하는 정보원 2명이 있었다. 그런데 무슨 사정으로 자기네 정보기관에 의해 납치되어 쥐도 새도 모르게 죽을 처지에 놓였다. 그때 야당에서 물밑 협상을 벌여 그들을 무사히 구해냈다.

그리고 돌아보니 지난겨울에 얼어 죽은 행복나무의 이파리가 싱싱하게 되살아나고 있었다. 메마르고 앙상한 교회당이 풍성하고 싱그럽게 보였다. (2016. 3. 9)

1344. 부경과 감자

어떤 선생님이 강의를 하면서 Evidence(증거)를 유달리 강조하였다. "Evidence!" "Evidence!" "Evidence!"

그때 강사가 칠판에 쓴 글이 보였다. 그중에 하나는 '부경'이었다. 그 뜻을 몰라 사전을 찾아보았더니 부경(桴京)은 '작은 창고'이고, 부경(副卿)은 '종 2품 벼슬'이었다.

그리고 사람의 이름이 빼곡히 적힌 명단이 보였다. 내 이름이 맨 앞에 있었다. 그런데 누가 '임동후니'라고 고쳐놓았다. 무슨 의미인지 알 수가 없었다.

또 무슨 박스가 가득 쌓인 것이 보였다. 맨 위에 있는 박스를 들어

내자 아래쪽 박스에 호박만한 감자가 수북이 담겨 있었다. (2016. 3. 20. 주일)

1345. 성모 마리아

강단 뒤쪽 마룻바닥에 누워 있었다. 말동무 하나 없이 오랫동안 그렇게 지냈더니 외로움을 느꼈다. 그때 미모의 한 여성이 찾아왔다. 작은 몸매에 상냥한 말씨, 지극한 정성, 한눈에 성모 마리아라는 사실을 알았다. 엉겁결에 말했다.

"제 어머니가 되어주세요!"

"그건 좀…."

그러고 보니 나보다 훨씬 더 젊었다. 내가 겸연쩍어하자 성모 마리아가 다시 말했다.

"그래, 알았다."

그리고 포근히 감싸며 안아주었다. 장성하여 처음으로 느껴보는 어머니의 정이었다.

얼마 후 나는 강단 중앙에 누워 있었다. 창문을 통해 쟁반 같은 둥근 달이 떠오르는 모습이 보였다. 그리고 점점 커지면서 내가 있는 쪽으로 다가왔다. 그런데 어느 순간 사라지고 더 이상 보이지 않았다. (2016. 3. 24)

1346. 아버지 상처

아버지가 마루방에서 무슨 일을 하시다가 선반에 손을 얹어 연장을 찾으려고 하였다. 그 순간 비명을 지르며 손을 움켜잡고 나왔다. 일반 펜치와 마루 펜치가 서로 싸우다가 아버지의 손가락을 물었던 것이다.

그래서 펜치 2개를 갈라놓고 보니, 아버지의 오른손 장지 첫 마디부터 셋째 마디까지 푹 패여 골이 나 있었다. 어머니가 가져온 연고를 바르면서 보니 상처가 꽤 깊었다. 다행히 뼈와 신경은 이상이 없었으며 피도 흐르지 않았다. (2016. 3. 25)

1347. 숫자의 의미

속이 쓰리고 아픈 지가 벌써 1주일이 되었다. 새벽녘에 잠을 이루지 못하고 이리저리 뒹굴다가 '27 13 75'라는 숫자를 보았다. 하지만 아무리 생각해도 그 숫자의 의미를 알 수가 없었다. (2016. 3. 30)

1348. 부킹 페이퍼

아무리 기다려 봐도 종무소식이었다. 무엇인가 이상하여 부킹 페이퍼를 보았다. 아닌 게 아니라 32절지 3/4쯤 되는 공간에 띄어 쓴 3칸이 있었고, 그 가운데 3번째 칸이 비어 있었다.

그리고 2번째 칸은 '도강 1997. 11. 24'라고 옛날 타자기 글자체로 찍혀 있었다. 이어서 매일 이어지는 같은 용지가 보였다. 2005년 자료도 있었다. 그런데 내가 부킹한 칸만 비어 있었다. 그러다가 근래에 날짜가 채워지는 모습이 보였다.

'너무 오래되어 아예 나를 빼버린 것 같군. 그런데 도강이 뭐지?'

아무리 생각해도 감이 오지를 않았다. 새벽기도를 드리다가 사전을 찾아보았다. 도강(盜講, 몰래 강의를 들음)과 도강(渡江, 강을 건넘), 도강(都講, 군사를 강습함)이라는 3가지 뜻이 있었다. 그제야 의미가 다가왔다. 그래서 간절히 기도하였다.

"오, 주님! 그러고 보니 이제 때가 되었습니다. 그동안 도강(盜講)하여 도강(渡江)하게 되었으니, 도강(都講)할 수 있도록 저를 도와주십시오. 제 역량을 한껏 발휘하여 하나님의 백성들 앞에서 주님의 뜻이 이루어지게 하십시오. 아멘." (2016. 3. 31)

1349. 목자의 목자

내성적인 성격과 대인 기피증으로 인해 가급적 말을 아꼈으나, 어느 날부터 거침없이 하나님의 말씀을 선포하는 나를 보았다.

진리가 아니면 아무것도 말하지 않았으며, 신구약 성경의 지혜와 잠언, 특히 예수님의 가르침과 비유를 그때그때 유효적절하게 사용하였다.

내 안에서 예수님이 친히 말씀하시는 것처럼 느껴졌다. 내가 평소 바라던 일이 현실로 다가와 있었다. 목자의 목자가 나와 함께하심이 분명

하였다. (2016. 4. 2)

1350. 신성과 영화

속옷만 가까스로 걸치고 비탈길을 오르고 있었다. 힘겹게 산마루에 오르자 넓은 평원이 보였다. 한숨 돌리는 순간, 어느덧 내 생명이 경각에 달렸다는 사실을 알았다.

'아, 이걸 어쩌나? 아직도 해야 할 일이 있는데.'

그리고 깊은 계곡으로 떨어졌다. 어둡고 침침하였다. 사방에 위험이 도사리고 있었다. 원수들이 호시탐탐 나를 지켜보며 쫓고 있었다. 이리저리 피해 다니는 도망자 신세가 되었다.

어느 날 하늘에서 불덩이가 떨어졌다. 바로 옆에 있던 짚더미가 순식간에 타 버렸다. 그 속에 숨었던 원수들이 모조리 타 죽었다. 그때 하나님의 은혜로 자유롭게 되었다는 사실을 깨닫고 눈을 들어 하늘을 쳐다보았다.

저 높은 구름 틈새를 통해 푸른 하늘이 보였다. 옛 동료 2명이 눈앞에 나타났다. '신성(神聖)'과 '영화(榮華)'였다. 참으로 친절하였으며 둘 다 크리스천이었다.

게다가 그들은 짝꿍이라 언제 어디서나 함께하였다. 그 사실을 깨달으라는 듯이 더욱 다정한 모습을 보이며 과시하였다. 순간 성령님이 감동하셨다.

"항상 '신성'이 있는 곳에 '영화'가 있고, '영화'가 있는 곳에 '신성'이 있잖니?"

그제야 그 사실을 깨닫게 되었다.

"오, 주님! 제가 잘못 생각했습니다. 성령님이 가슴으로 그토록 두근 거림을 주셨으나 저는 억지로 외면했습니다. 이 죄인을 용서하여 주십시오."

그때 예수님의 말씀이 떠올랐다.

'여자를 보고 음욕을 품는 자마다 마음으로 이미 간음하였다.' (마태 5. 28)

며칠이 지나 새벽이 되었다. 성령님이 다시 강하게 감동하셨다.

"내가 네게 일깨워 주었잖니?"

그 순간 진지하게 회개하지 않은 것이 생각났다. 성령님이 더욱 감동 하셨다. 그래서 큰 소리로 부르짖었다.

"오, 주여! 우둔한 저를 다시 한 번 용서하여 주십시오!"

그리고 자리에서 벌떡 일어나 밖으로 나왔다.

"더러운 생각으로 내 마음을 어지럽히는 사탄아! 예수님의 이름으로 명한다. 썩 물러가라! 몇 번은 모르고 속았으나 다시는 속지 않는다. 교활하고 더러운 사탄아, 더 이상 나의 생각을 농락하지 마라!" (2016. 5. 12)

1351. 헐크

시기와 질투, 미움으로 가득 찬 자매가 정말 보기 싫었다. 두 달 가까이 딴 방을 쓰며 보지도 않고 말도 하지 않았다. 하루 중 유일하게 하는 식사 기도마저 입으로 하지 않고 속으로 하였다. 자매도 극도로 조심하였다. 식사하라는 표시로 문을 두드리는 것으로 대신하였다.

그러다가 며칠 전에 환상을 보았다. 동료 목사 부부와 기도하고 있었다. 자매가 나타나 훼방하였다. 참다못해 자매를 거꾸러뜨리고 짓밟기 시작하였다.

온몸으로 발악을 하였다. 소리를 지르면 아예 죽여 버리겠다고 윽박질렀다. 입을 꽉 물고 참는 모습이 역력하였다. 머리부터 발끝까지 지근지근 밟았다.

조금씩 벽 쪽으로 꿈틀거리며 나아갔다. 벽 틈새에 머리를 짓이겨 넣었다. 그래도 자매는 목숨을 잃을지 모른다는 생각에 소리를 지르지 못하고 낑낑거리며 참았다. 그 모습이 너무 애처로웠다.

그때 나의 잔인한 모습을 보게 되었다. 자매의 자라난 환경과 삶의 여정이 파노라마처럼 뇌리를 스치며 지나갔다. 어쩌다가 시기와 질투, 미움으로 가득하게 되었는지, 불평과 불만, 불순종이 몸에 배었는지, 이기적이고 타산적, 조건적이 되었는지, 어느 정도 알 것도 같았다. 자매의 인생이 너무나 불쌍하였다.

아울러 나의 부덕함도 적나라하게 드러났다. 이제까지 내 악하고 추한 모습에, 더럽고 잔인한 성격에, 숱한 사람이 어려움과 고초를 겪었다는 사실을 비로소 깨닫게 되었다.

그리고 보니 '두 얼굴의 사나이(The Incredible Hulk)'가 따로 없었다. 바로 내 안에 그 '헐크'가 있었다. 이 헐크를 쫓아내기 위해 그동안 그토록 모질게 어려움을 주셨는가 보다. 할렐루야!

"오, 주여! 주님께서 저를 통해 한 송이의 국화꽃을 피우기 위해…."

(2016. 7. 18)

1352. 거룩한 친구

새벽녘에 의미 있는 꿈을 꾸었다. 무엇에 쫓기다가 시간이 늦었다. 서둘러 집을 나오며 보니 몇몇 인부가 교회당에 있었다. 그때 '거룩한 친구'가 다가왔다.

그와 눈인사를 나누고 버스정류장으로 가면서 보니 내 몰골이 말이 아니었다. 한여름에 때가 꼬질꼬질한 가죽 코트를 입고 있었다.

평소 외모에 크게 신경을 쓰지 않았던바 그냥 가려고 하였다. 하지만 아무래도 이건 아니다 싶어 되돌아왔다. 시간이 없어 집에 들어가지 않고 교회당에 코트만 벗어놓고 가려고 하였다.

그런데 교회당 문을 열어 보니, 벽에 붙여 놓은 플래카드가 위쪽만 남은 채 지그재그로 잘려나가고 없었다. 아래쪽 인테리어도 마찬가지였다. 그야말로 난장판이었다.

"아니, 누가 교회당을?"

그 친구가 말하였다.

"이사 갔잖아?"

"이사? 무슨 소리야! 우리만 이사했지, 교회당은 그대로 쓰잖아? 교인도 한둘씩 찾아오고."

그러고 보니 그 친구가 교회당을 훼손한 것이 틀림없어 보였다. 인부들을 데리고 무엇인가 작업하였던 것이다.

"더 이상 교회당 훼손은 안 돼!"

그가 교회당 마당에 쪼그리고 앉아 황당하다는 표정을 지었다. 무엇인가 주님이 역사하고 계심이 분명하였다. 나중에 보니 주님이 강권적으

로 교회당을 수리하게 하셨다. (2016. 7. 20)

1353. 변호인

어느 병실 같은 곳에서 무슨 소송을 두고 상의하다가 변호인과 함께 길을 나섰다. 옥상을 정원으로 사용하는 고층 아파트 앞을 지나가며 아슬아슬한 난간을 보고 위험하다는 생각이 들었다.

이어서 어느 길을 가면서 보니, 무슨 뗏목 같은 것에 변호인과 자매, 그리고 어떤 손님을 태우고, 내가 소처럼 멍에를 메고 그들을 힘겹게 끌어가고 있었다.

얼마 후 강을 건너 들판을 지나 어느 산 밑에 이르렀다. 나는 이미 지칠 대로 지쳐서 산을 오르기가 벅찼지만 머뭇거릴 여유가 없었다.

그런데 첫발을 내딛는 순간 돌계단이 앞을 가로막았다. 가뜩이나 힘겨운 데다가 앞이 막막하였다. 게다가 땀에 흠뻑 젖은 신발이 벗겨지면서 앞으로 꼬꾸라졌다. 그때 변호인이 웃으며 말하였다.

"이제 내가 끌고 갈 테니 여기 타시오."

변호인이 웃으며 뗏목에서 내리자 그와 함께 타고 있던 자매와 손님도 내렸다. 그래서 나는 뗏목에 타고, 변호인은 뗏목을 끌며, 자매는 뒤에서 걸었다. 그래서 쉽게 정상에 올랐다. 하지만 그때 손님은 사라지고 보이지 않았다. (2016. 7. 31)

1354. 흐르는 세월

오랫동안 사무실에 앉아 무엇을 골똘히 생각하고 있었다. 얼마의 시간이 흘렀는지 몰랐다. '부드러운 승리의 영광'이 찾아와 우편에 앉았다. 이어서 '강한 성공의 상급'이 와서 좌측에 앉으며 뭐라고 인사하였다. 그제야 정신이 들었다.

손님에게 커피라도 한 잔 대접해야겠다는 생각에 서랍을 열어 동전을 찾아들고 자리에서 일어나 복도로 나갔다. 그런데 내의만 입고 있었다. 예의가 아니다 싶어 사무실로 돌아가 옷걸이를 보았다.

그런데 다른 사람의 옷만 수북이 걸려 있었다. 하나씩 걷어 보니 내 바지로 보이는 것이 있었다. 그런데 생각보다 작았다. 내 바지인지 아닌지도 확실치 않고 기억도 희미했다. 어느새 많은 세월이 흐른 듯하였다.

(2016. 8. 4)

1355. 인술

어디서 인부들에게 사람을 살리는 인술(仁術)로 일하라고 시켰다. 그리고 신학교에서 마지막 강의를 하였다. 시간을 보니 조금 일찍 끝났다. 학생은 남녀 1명씩 모두 2명이었다.

그때 학장을 비롯하여 몇 사람이 들어왔다. 강단에서 내려와 학생들 뒤쪽으로 갔다. 그런데 나에게 상이 주어졌다. 받아보니 구운 김이었다.

겹으로 빼곡히 쌓인 김이 한 아름 주어졌다. 그리고 부상도 주어졌다.

넓고 두툼한 가죽 띠였다. 세례 요한의 허리띠와 같다는 생각이 들었다.

(2016. 8. 24)

1356. 겹경사

집주인이 내년 4월에 이사를 온다고 하면서 8월 말까지 집을 비워 달라고 하였다. 2007년 8월에 최초로 계약했던바 그 기간을 맞추려는 듯하였다. 그래서 '영원한 길'이 이사한 지 3개월 만에 다시 이사하게 되었다.

지난 19일부터 교회당에 화장실 공사를 하고 있다. 지난 9년 동안 셋집 재래식 화장실을 이용하였으나, 이제 때가 되어 하나님께서 수세식 화장실로 바꿔주시는 게 분명하였다.

어제 아침 6시부터 저녁 6시까지 이사한 영해 집으로 닭장을 이전하였다. 그동안 너무 더워서 엄두를 내지 못하다가 비로소 손을 대었다.

쥐새끼가 11마리나 잡아먹고 남은 병아리 3마리를 작은 상자에 가두어 두었더니 늘 마음에 걸렸다. 지옥에서 천국으로 옮긴 것 같아 내 마음이 다 시원하였다.

밖에서 12시간을 꼬박 작업하고 들어와 씻고 일찍 자리에 들었다. 얼굴과 뒷목덜미에 열이 펄펄 나고 눈이 희미하였다. 그런데 오랜만에 의미 있는 환상을 보았다.

정년을 얼마 앞둔 교감 선생님이 'adultery fusion'을 주의하라고 누차 말씀하셨다. 적어도 3차례 이상을 강조하였다. '부정한 연합'을 조심하라는 뜻으로 여겨졌다.

그때 신입 직원이 회계 업무를 보다가 100만 원의 과부족이 발생하여 돌려주었다는 미담이 돌았다. 그리고 길을 가다가 마을 이장을 만나 소식을 들었다.

"열악한 우리 마을에 겹경사가 났소. 하나는 교감 선생님의 헌신이 인정을 받아 막판에 교장 선생님으로 영전한 것이고, 다른 하나는 그 교장 선생님의 제자가 청백리로 인정을 받아 상을 받은 것이오."

"정말 그 선생님의 그 제자라는 말이 딱 맞네요." (2016. 8. 24)

1357. 사랑의 빚

교회당 실내에 화장실을 만들었다. 1층 예배당과 2층 숙소, 외벽 패널(panel), 가추 창고까지 3,000만 원 이상의 자금이 필요할 것으로 보였다.

하지만 돈은 없고, 빚은 많고, 더 이상 공사를 미룰 수도 없는 형편이었다. 그래서 이제까지 모든 필요를 채워주신 주님을 다시 한 번 의지할 수밖에 없었다.

그러다가 새벽녘에 환상을 보았다. 구체적인 해결 방안이 아니라 고심 끝에 찾아온 또 하나의 고민이었다.

'비록 다는 아닐지라도, 빚이 하나님의 뜻을 이루는 방편일 수는 있다. 하지만 빚 자체는 선이 아니니 삼가야 한다.'

그때 피차 사랑의 빚 외에는 아무에게든지 아무 빚도 지지 말라는 로마서 13장 8절 말씀이 생각났다.

"오, 주여! 종의 의지가 아니라 주님의 뜻을 이루소서." (2016. 8. 25)

1358. 강제 조약

한일 합방에 준하는 무슨 조약을 체결하기에 앞서 대표자가 선정되었다. 일본 대표는 전권을 위임받은 총독이었으나, 한국은 공동 대표로서 여당의 대권 후보와 두 딸을 둔 목사였다.

그런데 서명하는 자리에 그 목사가 나타나지 않았다. 신앙적 양심으로 차마 서명할 수가 없어 피신한 것으로 보였다. 그러자 일본 측에서 목사의 딸을 납치하여 강제로 혼인시키려고 하였다. 일종의 인질극이었다.

그러자 결국은 목사가 나타났다. 그런데 총독 앞에 무릎을 꿇고 엎드려 울면서 하소연하였다.

"아버지, 제 딸을 돌려주십시오! 아버지, 제 딸을 돌려주십시오!"

하면서 연거푸 절을 하며 얼마나 슬피 우는지, 나중에는 총독도 울고, 여당 대표도 울었다. 그리고 얼마의 시간이 지나서 서명이 이루어졌다. 하지만 펜으로 서명한 것이 아니라 목사가 자기 딸 이름이 새겨진 떡을 조금 떼어 먹는 것으로 대체하였다.

그러자 한나절이 훌쩍 지나 점심때가 되었다. 일이 마무리된 것을 보고 나도 자리에서 일어나 집으로 돌아가려고 하였다. 그때 실무를 맡은 여비서가 다가와 말했다.

"오늘은 일찍 퇴근하셔도 될 것 같아요."

그래서 홀가분한 마음으로 나오면서 보니, 정화조 같은 곳에 커튼이 2

개 내려져 있었다. 일본 측 커튼은 3단 가운데 2단만 내려져 아래쪽 1/3 쯤이 열려 있었고, 한국 측 커튼은 3단이 모두 내려져 온전히 가려져 있었다.

그때 한국 측의 일을 내가 맡아 처리한 것으로 보였는데, 커튼이 온전히 내려진 것으로 만족하였으나, 파트너인 일본 측의 일 처리가 조금 미흡하여 아쉽다는 생각이 들었다. (2016. 9. 4)

1359. 우물 낚시

어느 우물에서 낚시를 하고 있었다. 속이 어두컴컴하여 보이지 않았다. 반신반의하며 낚시를 던졌더니 팔뚝만한 고기가 2마리 올라왔다. 고기가 엄청나게 많다는 사실을 알고, 큰 바늘에 김밥을 통째로 달아 던졌다.

그러자 우물 속에서 푸다닥거리며 난리가 났다. 살짝살짝 당기며 툭 쳤더니 3번째 대물이 걸렸다. 힘껏 끌어올려 큰 다라에 담았다. 가오리처럼 넙적한 고기가 한꺼번에 2마리나 걸려 올라왔다.

큰 고무다라에 담아 밀치자 손가락만 한 피라미가 다라에 가득 찼다. 가오리 몸에 붙어살다가 함께 끌려온 것으로 보였다. 그야말로 땅 짚고 헤엄치기에다 일석이조 플러스 알파였다. (2016. 9. 12)

1360. 교회당 공사

지난 9월 7일부터 시작한 교회당 공사가 한 달이 지났으나 여전히 진행 중이다. 일하는 사람이 다른 공사를 맡아서 갔기 때문이다. 어제는 자매와 함께 강단을 만들고 1층 천장 몰딩을 하였다.

내일은 보일러실을 만들고, 모레는 창문 몰딩을 하고, 모래 수요일은 도배와 장판을 한다. 물받이를 위한 가추는 건축업자에게 외주를 줄지, 그가 돌아오면 할지 고민이다.

그에게 맡기면 전문성이 떨어져 걱정이고, 업체에게 주면 비용이 더 들어간다. 축산 논이 팔리면 갚는 조건으로 3,000만 원을 빌려 공사를 시작하였으나 벌써 3,300만 원이 들어갔다. 4,000만 원을 훌쩍 넘길 것으로 보여 걱정이 태산이다. 하지만 마무리는 해야 한다.

이런저런 생각을 하다가 새벽에 의미심장한 꿈을 꾸었다. 무슨 행사가 있었다. 주의 종들이 인산인해를 이루었다. 행사가 끝나고 모두 떠났으나 조금이라도 안면이 있는 종들은 남아서 청소를 했다.

주방에 들어가 보니 먹다가 남은 우유가 반 드럼쯤 있었다. 잔반을 치우고 물청소를 하였다. 그런데 주방 안쪽의 반은 벽이 없는 바깥이었다.

바깥에 작은 텃밭이 보였고, 그 앞으로 넓은 들판이 이어져 있었다. 빈들이라 늦가을로 짐작되었다. 텃밭으로 나가는 쪽문을 만들고 바람막이 공사를 했으면 하는 생각이 들었다.

그리고 본당으로 들어가 보았다. 언젠가 본 적은 있으나 이름도 모르는 수십 명의 남녀종들이 일사불란하게 청소하고 있었다. 단순히 치우고 닦는 게 아니라 거의 리모델링하는 수준이었다. 모든 걱정이 일순간 사라졌다. (2016. 10. 9. 주일)

1361. 스트레스

"안 돼! 이제 더 이상은 안 돼! 빚은 싫어! 정말 싫어!"

한밤중에 자다가 벌떡 일어나 소리를 질렀다. 지난 8월부터 시작한 교회당 공사로 몸과 마음은 이미 지칠 대로 지쳤다. 쌓인 피로와 스트레스가 사탄의 앞잡이를 대동하고 죽음의 그림자처럼 다가왔다. 목감기, 코감기, 기침감기까지 한꺼번에 들려 더욱 힘들었다.

위기를 느낀 자매는 새벽 2시에 집을 나가 아침에 돌아온다. 9km나 떨어진 교회당에 가서 날마다 기도하였다. 자매는 어려운 일이 있을 때마다 새벽 2시에 일어나 기도하곤 하였다. 사탄이 가장 준동하는 시간에 기도하여 그 기세를 꺾는다고 하였다.

오늘도 심신이 곤한 상태에서 이리저리 뒹굴다가 자정쯤에 꿈을 꾸었다. 자매가 농산물을 수확하여 누구에게 보내려고 하였다. 나는 풋고추를 따고 있었다. 고추장에 그냥 찍어 먹도록 함께 보내려고 하였다.

하늘을 향해 삐죽삐죽 솟구친 풋고추가 아직도 많이 달려 있었다. 비닐봉지에 담고 남아서 바지 주머니와 윗도리 주머니에도 따서 담았다.

그때 어떤 사람이 자루 3개를 가지고 왔다. 지난 1년 동안 농사지어 말려놓은 고추를 담아가려고 하였다.

'어쩌겠는가? 무슨 사정이 있겠지.'

그리고 꿈에서 깨어났다. 제정신이 번쩍 들었다.

'그렇다면 모종, 비료, 비닐, 지지대, 기름, 전기료 등의 비용은? 그 돈은 어디서 나오나? 그래서 이렇듯 빚을 진 게 아닌가? 이제는 빚이 싫어. 자매와의 다툼도 빚에서 비롯된 것이 아닌가? 그게 과연 주님의 뜻인가?

주님은 베풀고 양보하고 가져가는 자에게 그냥 주라고 하셨지만, 사랑의 빚 외에는 아무에게 아무 빚도 지지 말라는 말씀은 어떻게 하나? 안 돼! 이제 더 이상은 안 돼! 빚은 싫어! 정말 싫어! 싫어! 싫어!…" (2016. 11. 22)

1362. 까만 곤충

어린 아들이 울먹이고 있었다. 며칠째 엄마가 돌아오지 않았기 때문이다. 그렇다고 다정다감하지 못한 아빠에게 터놓고 얘기할 형편도 아니었다. 보기가 딱해 아들을 위로하였다.

"걱정하지 마라. 엄마는 곧 돌아올 거야."

그러자 아들이 기다렸다는 듯이 눈물을 왈칵 쏟으며 내 품에 안겼다. 그리고 한없이 울었다. 아닌 게 아니라 나도 내심 걱정이 되었다. 겉으로만 아무렇지 않은 듯 태연자약하였다.

그때 내 팔뚝을 보니 지렁이 똥 같기도 하고 개미집 같기도 한, 분비물이 송알송알 뭉쳐 쌓이고 있었다. 그리고 스멀스멀한 느낌이 들어 문질러 보았다. 그러자 그 속에 개미 같기도 하고 파리 같기도 한, 까만 곤충이 바글바글하였다. 창문을 열고 팔뚝을 내밀고 문질러 털었다.

그런데 그것들이 내 살을 뚫고 알을 낳은 듯했다. 팔뚝에 난 구멍 속에 번데기가 보였다. 번데기를 뚫고 구더기 한 마리가 기어 나왔다.

정신없이 털고 또 털어내었다. 어쩌면 그들이 내 피를 타고 온몸에 퍼진지 모른다는 생각이 들었다. 끔찍하고 징그러워 소름이 쫙 끼쳤다.
(2016. 12. 6)

1363. 간증 집회

어느 교회에서 간증 집회가 열리고 있었다. '지식 홍수' 전도사가 특별 찬송을 준비하였다. 그때 사람들이 휠체어를 탄 장애인을 강단으로 들어 옮겼다. 그는 소령 계급장이 달린 군복을 입고 있었다.

그때 그 교회 담임으로 보이는 목사와 장로들이 강단으로 우르르 몰려가 그를 얼싸안고 얼굴을 문지르며 인사를 하였다. 하지만 그는 대수롭지 않다는 듯 그냥 무덤덤한 표정이었다.

찬양도, 기도도, 설교도 모든 것이 생략되고, 그의 간증이 바로 시작되었다. 그런데 여기저기서 웅성거리기 시작하였다. 강단을 보니 이게 웬일인가?

그가 휠체어에서 내리자 아랫도리가 드러났다. 뒤로 벌렁 자빠지자 항문이 드러나고 음부의 털이 보였다. 그의 어머니로 보이는 부인이 그의 음모를 잡고 앞으로 끌어당기자 바로 앉았다.

그리고 보니 그는 양다리가 없고 생식기가 없었다. 하지만 그는 남자였다. 턱과 코에 수염이 덥수룩하게 나 있었다. 전쟁터에서 구사일생으로 살아난 상이군인이었다.

그가 한 맺힌 소리로 구슬프게 노래를 부르기 시작하였다. 무슨 소리인지 분명치 않았지만, 나중에 이 한마디가 또렷이 들렸다.

"별을 달려고 했는데…."

그리고 보니 그는 신앙심이나 애국심에 근거한 간증이 아니라, 시대와 불운을 탓함으로써 사람들의 동정심을 유발하려는 듯하였다. (2016. 12. 7)

1364. 투명 인간

큰 구렁이가 도로에 길게 늘어져 있었고, 그 구렁이 주인은 그늘에 앉아 쉬고 있었다. 길을 가다가 그 짐승을 보고 깜짝 놀라 멈춰 섰다.

도로가 경사지고 굴곡져 아래쪽에 있는 머리는 보이지 않고 위쪽에 있는 몸통과 꼬리만 보였다. 적어도 10m 이상 되었으며 아무 의식 없이 그냥 축 늘어져 있었다.

얼마 후 자리를 뜨려고 하자 그 주인이 먼저 일어났다. 그가 구렁이 꼬리를 잡아당기더니 머리와 꼬리를 동시에 잡아 네모난 플라스틱 상자 안에 척척 접어 넣었다.

그러자 겹쳐진 구렁이 몸뚱이가 용수철처럼 두루루 말리면서 상자 속으로 들어가 빠듯하게 채워졌다. 자기 몸에 짓눌려 스스로 빠져나올 수 없을 듯하였다. 그래도 그는 미심쩍은 듯 자기 화물차를 몰아 그 상자 위에 차 꽁무니를 대고 눌러 놓았다.

그리고 걸어 나오는데 뒤에서 괴팍한 비명이 들렸다. 돌아보니 어디선가 작은 강아지 한 마리가 나타나 그 구렁이를 잡아먹고 있었다. 어느새 벌써 다 먹고 꼬리 부분만 땅에 떨어져 있었다. 그마저 맛있게 먹어치웠다.

그런데 자기 몸집보다 수십 배나 큰 그 구렁이를 다 먹은 강아지가 배도 나오지 않고 여전히 날씬하였다. 그걸 보니 강아지가 더욱 징그러웠다. 그래서 그 자리를 급히 피하려고 하였다.

그때 강아지가 꼬리를 치며 내게 다가와 아양을 떨었다. 저리 귀엽게 생긴 강아지가 어찌 그 징그러운 구렁이를 먹어치웠는지 도저히 이해가 되지 않았다. 그래서 계속 피하려고 하였더니 아예 내 품에 뛰어올라 나와 인생을 함께하려고 하였다.

그리고 입석 버스를 타고 어디를 가고 있었다. 나는 창가에 앉았고, 그 구렁이 주인은 손잡이를 잡고 가운데 서 있었다. 얼마쯤 가다가 그가 누구에게 말하였다.

"이제 내리자."

그러자 저인과 차인, 방인이 그를 따라 함께 내렸다. 그런데 그들의 모습은 하나도 보이지 않았다. 그들은 모두 투명 인간이었다. 저속(低俗)한 사람, 차입(借入)한 사람, 방임(坊任)한 사람이었다.

얼마 후 나도 버스에서 내렸다. 길거리에 빈 솥단지 하나가 낙엽과 함께 나뒹굴고 있었다. 그 솥 안에 그동안 투명 인간들이 들어 있었던 것으로 보였다. 그리고 보니 어느덧 여름이 지나고 가을이 되었다.

새벽에 일어나 기도하면서 이 꿈의 의미를 곰곰이 생각하였다. 지난 8월부터 1차, 2차, 3차에 걸친 교회당 공사가 이번 주간에 대충 마무리될 예정이다. 그동안 새벽 2시부터 새 예배당에서 기도하고 있는 자매가 생각났다.

그리고 축제의 장 광명교회, 김천 평화교회, 영덕 가산교회, 냉동 창고

등에 있던 어수선한 물건들과 잡동사니 쓰레기들, 그동안 그토록 교회를 힘들게 한 세력들, 끈질기게 우리를 쫓아다니며 어렵게 한 무리들이 비로소 사라졌음을 느꼈다. (2016. 12. 19)

1365. 포주와 친구

어느 포주(抱主)가 자기 친구 2명을 접대하였다. 다음 날 아침에 보니 포주의 잠자리에 아가씨 3명이 나란히 누워 있었다. 그런데 3명의 아가씨 캐릭터가 모두 독특하였다. 그래서 그의 친구가 오른편 아가씨에게 물어보았다.

"네 이름이 무엇이냐?"

"기쁨조예요."

"기쁨조?"

"예, 최상의 서비스를!"

그리고 가운데 아가씨에 물었다.

"네 이름이 무엇이냐?"

"재활용이에요."

"재활용?"

"예, 저 같은 게."

마지막으로 왼편 아가씨에게 물었다.

"너는 이름이 무엇이냐?"

"행복하세요."

"행복하세요?"

"예, 그냥 행복하시라고요."

얼마 후 기쁨조라는 아가씨와 재활용이라는 아가씨가 밖으로 나갔다가 들어오더니 창가에 서서 말하였다.

"우리 먼저 가게로 돌아갈게요."

포주가 말하였다.

"그래."

그러나 행복하세요라는 아가씨는 밖에 나가지도 않고, 아무 말도 없이 그냥 그대로 안에 있었다. (2016. 12. 24)

1366. 눈물 기도

'동녘 머리'라는 교회 문 앞에서 큰소리로 기도하였다.

"주여, 주님의 교회를 깨끗하게 하소서! 주님이 창조하신 자연환경을 지켜주소서!"

그러자 모든 성도가 일어나 합심으로 기도했고, 주의 종은 성도들의 머리 위에 일일이 손을 얹어 축복하며 지나갔다. 이윽고 내 차례가 되었다. 그런데 그가 지나가지 않고 계속 나를 맴돌며 기도하였다.

"교회를 책망하듯 큰소리로 기도한 그대는 누구인가?"

그런데 주의 종이 기도하며 나를 한 바퀴 돌 때마다 내 무릎은 조금씩 아래로 꿇어졌다. 그때 자매가 내 앞에 와서 부르짖기 시작하였다. 내 무릎이 조금씩 꿇어짐과 아울러 자매의 기도는 더욱 간절했고 목소리도 높아졌다.

그러다가 결국은 내 무릎이 바닥에 풀썩 꿇어졌고, 내 앞에서 부르짖던 자매의 기도는 절정에 이르렀다. 그러자 주의 종이 내 머리에서 손을 떼고 옆으로 지나갔다.

그때 나는 무릎을 꿇은 상태로 의자를 붙잡고 있었다. 이상야릇한 기분에 휩싸여 회개하게 되었다. 눈물이 앞을 가려 눈을 뜰 수가 없었다. (2016. 12. 25. 02시)

1367. 휴대폰

어린 딸이 내 옆에 있었다. 활달하게 놀기는 하였으나 보호자의 무관심으로 위험하게 보였다. 아닌 게 아니라 계단을 오르다가 호기심으로 아파트 난간에 서 있었다. 그제야 가서 딸의 손을 붙잡았다.

그리고 옥상에 올라가 보니 친구들이 영화를 보고 있었다. 그들 가운데 '만사 좋아'가 반갑게 인사하며 자기 집으로 가자고 하였다. 그래서 비상구를 통해 나갔다.

그때 '만사 좋아'의 어린 딸이 한복을 입고 나타났다. 내 딸보다 조금 더 어려서 내 딸이 언니와 친구가 되었다. 그런데 비상구로 들어서자 가파른 계단과 웅덩이가 나타났다.

조금 가다가 '풍덩!'하는 소리가 들렸다. 돌아보니 내 딸과 친구의 딸이 웅덩이 옆에 있는 다라에 빠졌다. 옆에 있는 '만사 좋아'와 다른 친구들이 당연히 구해주리라 믿고 머뭇거렸다. 그런데 아무도 보이지 않았다. 급히 내려가 다라를 들어 바닥에 엎었다.

그러고 보니 다라에 빠진 것은 아이들이 아니라 휴대폰이었다. 하지만 아이들에 대한 걱정도 가시지를 않았다. (2016. 12. 25)

1368. 희귀한 뱀

수익을 목적으로 희귀한 뱀을 유리관 속에 담아 가지고 다녔다. 하지만 실제로 수익이 있었는지는 불투명하였다. 그러다가 우연찮은 실수로 뱀이 유리관을 벗어나 밖으로 나왔다. 내 사방에 뱀이 우글거렸다. 예닐곱 마리쯤 되었다.

수익은 고사하고 사람들의 목숨까지 위태로울 지경이 되었다. 한 마리씩 잡아 죽이기 시작하였다. 그때 하찮은 다른 뱀의 주검이 풀숲에 걸려 있었다. 이놈이나 그놈이나 징그럽기는 매한가지였다. (2016. 12. 28)

1369. 재주와 용모

사다리를 타고 옷을 갈아입었다. 겉옷은 물론 속옷까지 싹 다 갈아입었다. 그리고 위를 쳐다보니 '재주와 용모'라는 친구가 지붕 위에 앉아 식사하고 있었다. 숟가락과 젓가락, 포크와 나이프 등이 그릇에 담겨 있었다. 그것을 보고 내가 말했다.

"상좌와 대좌, 보좌와 꼭지는 돌려줘야 돼! 내 것이니까."

"물론! 당연히 돌려줘야지." (2017. 1. 1)

1370. 믿음의 담력

무엇이든 믿음대로 다 이루어졌다. 어느 것은 조금 길어서 '조금만 짧았으면' 하였더니 양쪽이 다 조금씩 짧아졌고, 어느 것은 조금 짧아서 '조금만 길었으면' 하였더니 양쪽이 다 조금씩 길어져 아귀가 딱 들어맞았다. 그때 주님의 말씀이 생각났다.

'사람은 할 수 없으나 하나님은 무슨 일이나 다 하실 수 있다.' (마태복음 19. 26)

"정말 믿음만 있으면 모든 것이 다 가능하겠어. 불가능은 없겠어."

그리고 일어나 왼쪽 무릎을 잡고 기도하였다.

"하나님 아버지, 하나님께서는 무엇이나 다 하실 수 있습니다. 저에게 믿음을 더하여 주십시오. 제 아버지의 무릎을 치유하여 주시고 정신을 맑게 하여 주십시오. 어머니의 파킨슨병도 더 이상 진전되지 않도록 치료하여 주십시오.

2017년과 2018년, 이렇게 2년 만이라도 건강한 몸과 깨끗한 정신으로 편히 살게 하여 주십시오. 주님의 구원을 위한 믿음을 회복할 수 있는 시간적 여유를 주십시오."

아버지는 작년 9월부터 3차례에 걸쳐 무릎을 수술하였으나 낫기는커녕, 피골이 상접한 상태로 육신의 쇠약과 정신의 쇠잔이 초래되어 치매를 앓고 있으며, 어머니는 4년 전에 파킨슨병 진단을 받고 시한부 삶을 살고 있다. 그래서 기도가 더욱 간절하고 애절하였다. (2017. 1. 3)

1371. 꼼수의 함정

'승리와 영광'이라는 고수가 바둑을 한판 두자고 하였다. 그래서 바둑판 앞에 앉았더니 이상한 접바둑이었다. 그가 백을 잡고 백 5점을 깔아놓은 상태로 어떠냐고 물었다.

"뭐야 이게?"

그러자 백 5점을 거두고 내 흑 5점을 놓고 다시 제안하였다. 파격적이었다. 3점이면 몰라도 5점 접바둑이면 너무 쉬울 것 같았다. 속으로 웃으며 말했다.

"좋습니다. 지는 사람이 밥이나 한 끼 사도록 합시다."

그때 그가 끈 담뱃불로 보이는 불씨가 살아나는 모습이 보였다.

"소화기 찾아봐, 빨리!"

그리고 손으로 문질러 끌려고 보았더니, 그 속에 검은 비닐이 들어 있었으며 사나운 불길이 일어나고 있었다. 그릇을 덮어보려고 찾았으나 그것도 보이지 않았다.

그는 소화기를 찾지 못한 듯 돌아오지 않았고, 불길은 점점 더 사나워 집을 다 태울 것 같았다. (2017. 1. 9)

1372. 거리 전도

어느 사거리에서 예배를 드렸다. 예배 후 잠시 쉬려고 봉고차 안에 들어가 누웠다. 하나밖에 없는 남자 성도가 따라 들어와 옆에 누웠다.

그때 밖에서 심하게 다투는 소리가 들렸다. 봉고차 앞에서 어떤 남자가 자기 아내를 심하게 때리고 물러가는 모습이 보였다.

"내가 그렇게 예수 믿지 말라고 했거늘!"

우리가 봉고차에서 쉬는 사이에 자매가 전도하여 결신한 여성으로 보였다. 그녀가 많이 아픈 듯이 보여 말했다.

"우선 병원으로 가 봅시다."

그래서 그녀를 부축하여 병원으로 가려고 하였다. 그녀가 말하였다.

"그러면 백병원으로 가세요." (2017. 1. 22. 주일)

1373. 진실과 진리

자정이 가까워 깜빡 잠이 들었는가 싶더니 환상이 보였다. 언제 어디서나 항상 진실과 진리 편에 서서 바르고 반듯하게 살아가고 있었다.

그러던 어느 날 영원히 변치 않을 것으로 생각한 진실이 변하고 진리가 바뀌는 모습이 보였다. 아무도 어쩔 수 없는 외부적 충격에 의한 것이었다. 그래서 안타까운 마음으로 지켜보았다.

그런데 진실과 진리가 깨어지면서 생전에 보지 못한 이상한 작품이 만들어졌다. 어딘가 모르게 부족하고 불안하였다. 하지만 그 나름대로 아름다움과 독특한 개성이 있었다. 그래서 그 또한 하나님의 걸작으로 여겨졌다. (2017. 1. 29. 설날)

제45편

인생사 지도

1374. 뱀과 닭

내 책상 주변에 흉흉한 물결이 넘실거렸다. 그러다가 책상 뒤에서 뱀이 올라왔다. 빨간 뱀, 파란 뱀, 노란 뱀 등 각양각색의 뱀이 모가지를 바짝 처들고 있었다. 모두 10마리쯤 되었고 엄지손가락 크기만 하였다.

그때 우측에서 닭 2마리가 나타나더니 그 뱀들의 등을 쪼아 먹기 시작하였다. 종이를 들고 휙 쳤더니 바람에 날리는 겨와 같이 모두 날아가 버렸다.

그런데 우측에 있는 뱀 2마리는 꿈쩍도 하지 않고 축 늘어져 있었다. 닭이 그 등을 쪼아 먹어 이미 죽었던 것이다. 배를 보이며 훌렁 자빠졌다가 뒤로 미끄러져 내렸다. 그러고 보니 책상 뒤쪽에 뱀의 사체가 수북이 쌓여 있었다. (2017. 2. 15)

1375. 파랑새

길을 걷다가 보니 옛 직장이 나타났다. 정문까지 한참 돌아가야 했으나 뒷문이 열린 것을 보고 서둘러 들어가려고 하였다. 그때 경비원이 막 문을 닫으려고 하였다. 다른 경비원이 나를 힐끗 쳐다보며 그를 불러 세웠다.

그래서 가까스로 영내에 들어갔지만 무엇을 어떻게 해야 할지 몰랐다. 내 차를 찾으려고 하였으나 너무 막연하였다. 열쇠를 누구에게 맡겨 두었는지, 차는 어디쯤 세워 두었는지, 아무것도 생각나는 것이 없었다. 세월이 너무 많이 흘렀기 때문이다.

그때 애잔한 노랫소리가 들려 창문을 열고 들여다보니 한 자매가 피아노를 치며 직접 부르고 있었다. 그 자매에게 물어보려다가 고개를 가로저으며 창문을 닫았다. 파랑새를 찾으려고 꿈속을 헤매는 어떤 아이처럼 느껴졌기 때문이다. (2017. 2. 23)

1376. 바른 은혜

'바른 은혜' 자매가 내 오른쪽 어깨에 오른손을 얹고, 왼편에서 나와 함께 나란히 걸어가고 있었다. 사람들이 보고 부러워하였고 나도 마음이 뿌듯했다. 어떤 사람이 우리 사이를 비집고 지나감으로써 자매가 잠시 손을 놓기도 하였으나 이내 다가와 다시 붙잡았다.

그때 나는 장화를 신고 베레모를 쓰고 있었다. 어느 모로 보나 어울리지 않는 비주얼이었다. 내 평생 그런 모습은 나도 처음 보았다.

그렇게 얼마쯤 가다가 보니 한 건물이 나타났고, 그 입구에 계단이 있었다. 철골로 뼈대만 세워져 있었다. 계단 손잡이를 잡았더니 쭉쭉 늘어나는 스프링이었다.

그 스프링 손잡이를 잡고 철골을 하나씩 밟고 올라갔다. 3층쯤 올라가 아래쪽을 바라보니 까마득하였다. 계단이 아니라 철골만 세워진 건물이었다.

그런데 4층 마지막 계단에서 오른쪽 발이 올라가지 않았다. 신발이 장화라서 철골 난간에 계속 걸렸던 것이다. 그래서 최대한 안쪽에 있는 손잡이로 옮겨 잡았다.

그리고 양발을 떼고 매달려 무릎을 굽히며 계단에 발을 올려놓았다. 1층에서 나와 떨어진 '바른 은혜' 자매는 어느새 위에 올라가 나를 지켜보고 있었다.

그리고 얼마 후 그 건물에 다시 들어갔다. 계단이 대리석으로 넓게 잘 꾸며져 있었다. 관현악단 대원들이 계단을 미끄럼 타듯이 내려오고 있었다. 그때 한 친구가 자랑스럽게 말하였다.

"만날 빨갱이니 뭐니 하면서 떠들어대는 강의만 듣다가 오늘은 정말 강의다운 강의였어!"

2층 회의실에 들어섰다. 한참 강의가 진행되고 되었다. 부부 강사가 나란히 서서 강의하였다. 남편 강사의 강의는 이미 끝난 듯 옆에서 희색이 만연한 모습으로 서 있었고, 아내 강사의 강의도 막바지로 접어들고 있었다. 뒤쪽 빈자리에 자리를 잡고 앉았다. 얼마 후 강사가 마무리하면서 말하였다.

"자, 그러면 시편 124편의 말씀을 보세요!"

그리고 스크린을 띄우려고 하다가 여의치 않자 다시 말했다.

"시편 124편, 시편 124편을 보세요."

그때 잠에서 깨어났다. 휴대폰으로 시편 124편을 찾아보았다. 바로 나를 두고 3000년 전의 다윗이 시간 여행을 하면서 영감으로 지은 시로 여겨졌다. 할렐루야! (2017. 3. 7)

'주님이 우리 편이 아니었다면, 원수들이 우리를 공격했을 때, 그들의 큰 분노가 우리를 산 채로 집어삼켰을 것이며, 홍수가 우리를 휩쓸어 가고 급류가 우리를 뒤덮었을 것이니, 우리가 그 물결 속에 떠내려갔을 것이다.' (시편 124. 2~5)

1377. 수직 계단

쇠파이프 하나로 이어진 수직 계단을 힘겹게 내려가고 있었다. 아래를 내려다보니 어찔어찔하였다. 현기증을 느껴 더 이상 내려가지 못하고 멈춰 섰다.

'마지막 규정'과 '기세 진격'이 나를 따라 내려오다가 내 머리 위쪽에 서 있었다. 다른 방법이 없었다. 뒤로 돌아서 파이프를 잡고 하나씩 내려가기 시작하였다.

위에서 비계(공사장 가설 다리)가 미끄러져 내려왔으나 옆으로 밀치고 계속 내려갔다. 그때부터 평지에서 사다리를 타듯 전혀 무섭지 않았다. 금세 바닥까지 내려왔다. 뒤따라 내려온 '마지막 규정'이 구시렁거리며 불만을 쏟아냈다.

"다시는 상종하나 봐라."

그때 나는 그에게 500원을 받아 1,000원을 맞춰 채울 일이 있었으나, 고무신과 구두를 한 짝씩 신고 있었던바, 우선 신을 바꿔 신기 위해 신발장으로 갔다. 구두를 신고 고무신을 신발장에 두려고 하였다. (2017. 3. 12. 주일)

1378. 꿈과 생시

오래된 봉고차를 몰고 천천히 가고 있었다. 뒤따라오던 오토바이가 답답한 듯 앞으로 추월하였다. 얼마쯤 가다가 신호가 바뀌었다. 맨 앞쪽 승용차가 서자 뒤따라가던 오토바이도 섰다. 그런데 내 봉고차는 멈추지 않았다.

"오, 주여!"

브레이크가 쭉 밀리면서 오토바이를 들이받고, 그 앞에 있는 승용차 범퍼까지 받았다. 오토바이는 오징어포가 되었는지 아예 보이지도 않았다. 무엇보다도 오토바이 운전사가 걱정되었다.

"오, 주여! 살려주소서."

차량과 오토바이는 까짓것 문제가 아니었다. 보험으로 처리하면 되었으나 운전자가 문제였다.

'혹시 죽었으면, 나는 살인자가 되겠지. 살아도 많이 다쳤으면, 내 인생은 끝이겠지. 아, 이게 꿈이라면! 꿈, 꿈, 꿈! 말이야! 하지만 어떻게 생시를 꿈으로 바꿀 수 있으리.'

그러나 이건 꿈이었다. 깨어나 얼마나 기뻤는지 모른다. 그때 1970년 차 사고 시 생시를 꿈으로 생각했던 것이 떠올랐다. (2017. 3. 15)

1379. 마늘 촉

황량한 들판이 보였다. 그 끝이 어딘지 가히 짐작할 수도 없었다. 시원한 바람이 불었다. 따뜻한 봄기운이 감돌았다. 여기저기서 샛노란 새싹이 돋아나기 시작하였다.

점점 푸르게 자라났다. 온 들판이 파랗게 물들었다. 자세히 보니 마늘 쪽이었다. (2017. 3. 20)

1380. 싸리나무

누렇게 말라죽은 온갖 풀들이 보였다. 한쪽에 앙상한 싸리나무가 줄을 지어 서 있었다. 봄바람이 산들산들 불기는 하였으나, 바싹 마른 가지는 여전히 사각사각 소리를 내었다.

겨우내 얼어 죽은 것이 아닌가 싶어 걱정이 되었다. 그런데 여기저기서 움이 돋기 시작하였다. 금세 샛노란 잎이 나와 연푸른 옷으로 차려입을 듯하였다. (2017. 3. 22)

1381. 찜찜한 샘물

하나님께서 유독 내게만 주신 독보적 물건을 발로 툭툭 차며 길을 가고 있었다. 모든 사람이 나를 쳐다보며 부러워하였다.

그들은 마치 내가 요술방망이라도 받은 것처럼 여겼으나, 나는 하나님의 은혜로 사명이 주어진 것으로 생각하였다. 그것은 다름 아닌 썩은 나무토막이었다.

그런데 갈수록 길이 험했다. 바싹 마른 바위투성이 강바닥을 걷고 있었다. 발로 찬 나무토막이 바위틈 웅덩이 속으로 떨어졌다. 그래서 손으로 꺼내 들고 가다가, 다시 발로 차기도 하면서 어느 곳에 이르렀다.

거기서 나무토막을 바위틈에 세우고 자매와 함께 기도하였다. 그때 어떤 설교자가 다가와 이사야와 에스겔의 예언서를 인용하면서, 그리스도를 증거하고 복음을 전하였다.

이어서 다른 설교자가 나타나 말씀을 가르치다가, 모든 사람이 마실 유일한 샘물에 침을 뱉으며 말했다.

"침이 흩어지면 마실 수 있고, 침이 흩어지지 않으면 마실 수 없다!"

그는 3번에 걸쳐 샘물에 침을 뱉고 똑같은 말을 되풀이하였다. 그리고 확신에 찬 어조로 말하였다.

"자, 보시오! 이는 우리가 마실 수 있는 깨끗한 샘물이오. 마라의 쓴물이 아니라 단물이란 말이오."

그는 광야교회의 지도자로서 저명한 목사님이었다. 거기 수많은 무리가 모여 있었다. 그때 샘물은 먹물같이 시커멓게 보였으나 막상 떠서 보면 깨끗한 식수로서 의심의 여지가 없었다.

하지만 나는 기분이 언짢아 속으로 생각하였다.

'아무리 그래도 침을 뱉었으니 윗물은 걷어내고 마셔야지. 어디 찜찜해서 그냥 마실 수가 있나?' (2017. 3. 22)

1382. 물웅덩이

어디서 무엇을 하다가 보니 내 앞에 깨끗한 물웅덩이가 있었다. 그 순간을 참지 못하고 그냥 뛰어들었다. 가로와 세로, 높이가 어른 한 키 정도로 내부가 둥글었으며, 야외 목욕탕처럼 아늑하게 느껴졌다.

오랜만에 시냇물 웅덩이 속에서 시원함을 만끽하며 목욕하였다. 그때 자매가 웅덩이에 뛰어들면서 말하였다.

"뒤에서 안아줘요!"

자매는 키가 유달리 작았는바, 물속에 쑥 들어갔다가 다시 올라왔다.

(2017. 3. 23)

1383. 자유 시간

어느 학교에 있었다. 그곳이 일터였고 배움터였다. 사무실 앞에 승강기가 있었으나, 바로 옆에 또 승강기 공사를 하고 있었다. 마무리 단계였다.

그리고 사무실 재배치가 진행되고 있었다. 가구와 밑받침, 책상과 의자 등을 밀고 가는 사람들이 보였다. 직원들은 옆에서 지켜보고 있었다.

그때 한 인부가 대형 청소기를 몰고 나타났다. 사무실뿐만 아니라 운동장까지 깨끗이 청소하려고 하였다. 내가 둔 옷가지 등 소지품을 챙기러 갔다가, 우선 점심값을 위해 돈만 챙기고 나왔다.

그런데 오늘은 10시나 10시 반쯤에 퇴근하고, 내일 새 책을 받음과 동시에 새로운 분위기 속에서 다시 일을 시작한다는 방침이 내려왔다.

그러자 직원들이 모두 기뻐하며 운동장으로 나갔다. 갑자기 자유 시간이 주어지자 저마다 무슨 계획을 세우느라 분주하였다.

나는 오랜만에 친구들을 만나 당구도 치고 바둑도 두면서 정담을 나누었으면 좋겠다는 생각이 들었다. 아닌 게 아니라 그때 이미 바둑을 두는 친구들의 소리가 들렸다. 그래서 남은 옷가지와 소지품을 마저 챙겼다.

내 신발 속에 돌멩이와 가축 사료 등 잡동사니가 잔뜩 들어 있어 그것을 긁어내고 훑으며 털어내었다. 그때 보니 언젠가 내가 걸어놓은 커다란 무쇠솥이 운동장 한편에 있었다. 너무 오래 방치하여 벽이 허물어져 내려앉고 있었다.

그래서 친구들과 오락을 포기하고, 우선 그 무쇠 솥을 집으로 옮겨야겠다는 생각이 들었다. 이참에 모든 것을 하나하나 정리하고 마무리하기를 원했다. (2017. 3. 23)

1384. 길가 화재

화재가 발생하였다. 길가 풀밭에서 불씨가 일어나 타기 시작하더니 길 가운데 있는 건물로 옮겨붙었다. 나와 몇 사람이 동분서주하며 진화하려고 애썼으나 역부족이었다.

결국은 사방으로 불이 옮겨붙어 불길을 잡을 수가 없었다. 그래서 더 이상 다른 곳으로 번지지 못하도록 차단하는 데 주력하였다.

마지막 길목인 '진실의 빛'과 '진리의 승리'라는 물길을 한곳으로 모아 지킴으로써 불길이 스스로 잡히도록 기다리는 수밖에 없었다.

다행히 화재 범위가 그리 크지 않았다. 길 가운데 있는 창고 하나와 주변 풀밭이 사라진 듯하였다. (2017. 3. 24)

1385. 비행접시

무슨 집을 짓다가 방사능 물질이 나온다는 사실을 알고 공사를 중단하게 되었다. 누군가 마무리해야 했지만 접근하기가 어려웠다. 그래서 어느 높은 건물 옥상에 밀폐된 상태로 방치하였다. 그 집은 정방형 상자와 같았다.

어느 날 지하 같은 1층에 숨어 지내다가 바라보니, 그 집 위쪽에 구멍이 뚫리면서 폭발하여 우산 같은 뭉게구름이 솟아올랐다. 그리고 구름이 날렵한 비행접시 모양으로 바뀌면서 눈 깜짝할 사이에 S자 모양을 그리며 우주로 사라져 버렸다.

그런 일이 2차례 일어난 뒤, 3번째는 그 집 전체가 폭발하면서 보다 큰 비행접시 모양으로 바뀌어 순식간에 우주로 날아갔다.

그 비행접시 바닥에 붉은 꽃무늬가 새겨져 있었다. 그래서 항상 부담되던 그 집이 일순간 흔적도 없이 사라지고 말았다. (2017. 3. 26. 주일)

1386. 순이

순이~ 그대는 지금 어쩌지~ 주님의 뜻에 따라 사는지~

순이~ 그대는 지금 어쩌지~ 주님의 임재 앞에 섰는지~

순이~ 그대는 지금 어쩌지~ 주님의 교회 안에 있는지~

순이~ 그대는 지금 어쩌지~ 주님의 마음을 품었는지~

순이~ 그대는 지금 어쩌지~ 주님의 사랑을 나누는지~

순이~ 그대는 지금 어쩌지~ 주님의 시간을 드리는지~

순이~ 그대는 지금 어쩌지~ 주님의 기도를 이루는지~

순이~ 그대는 지금 어쩌지~ 주님의 성령을 누리는지~

순이~ 그대는 지금 어쩌지~ 주님의 영광을 보이는지~

어느 학원에서 여러 사람이 함께 이 노래를 배웠다. 부르면 부를수록 조용하고, 차분하고, 침착하고, 애틋하고, 절실하였다. 다만 1절 이하의 후렴은 내용과 순서 등이 분명치 않았다. (2017. 3. 27)

1387. 구원의 부표

홍수가 난 한강이 보였다. 황토물 속에서 무슨 부표를 세워가고 있었다. 하나를 세우고 2번째 세우는 중이었다. 물가에 서 있었으나 가슴까지 물이 찼다. 손이 닿지 않아 한 발짝 더 들어가자 목까지 물이 찼다. 작업하기 버거워 한 발짝 물러서자 다시 손이 닿지 않았다.

그 간격을 맞추려고 조금씩 들어갔다가 나오기를 반복하였다. 그때 발

밑에 모난 돌이 하나 있음을 알게 되었다. 그 돌에 올라서니 부표가 손에 닿았다. 하지만 돌이 모가 나서 균형을 잡을 수 없었다. 조금만 움직여도 흔들려 서 있을 수가 없었다.

그 돌에서 내려와 부표를 바라보았다. 내가 하는 일들이 여전히 어렵다는 사실을 깨달았다.

'도대체 왜 그럴까? 이렇듯 작은 일에도 삼중고가 미치니. 내가 무슨 사사로운 욕심에라도 사로잡혀 있다는 말인가? 구원의 부표마저 제대로 세울 수 없다니. 이게 하나님의 섭리인가? 아니면 사탄의 훼방인가?'

그때 어디선가 찬송 소리가 은은하게 들려왔다.

> 험한 시험 물속에서 나를 건져주시고
> 노한 풍랑 지나도록 나를 숨겨주소서.
> 주여 나를 돌아 보사 고이 품어주시고
> 험한 풍파 지나도록 나를 숨겨주소서.

그리고 자리에서 일어났다가 얼마 후 다시 환상을 보았다. 세상에 널리 알려진 부흥사가 물에 대해 설교하다가, 갑자기 옷을 벗고 그 황토물 속으로 뛰어들었다. 그러자 사람들이 비명을 지르며 너도나도 따라 들어갔다. (2017. 4. 1)

1388. 옷매무시

옷매무시를 가다듬으며 산을 오르고 있었다. 언젠가 서두르다 윗도리 소매의 단추를 잘못 끼웠음을 알게 되었다. 소매 단추 한 구멍에 2개의 단추를 동시에 끼웠는지, 한 단추에 2개의 구멍을 끼웠는지, 손목이 꽉 조여 불편함을 느꼈다.

그러고 보니 시간을 아낀다고 일부러 그렇게 단추를 끼운 듯하였다. 나보기가 민망하였다. 정상에서 만날 사람들의 눈을 의식하여 단추를 풀어 바로 끼워야 했다.

그런데 단추가 영 빠지지를 않았다. 한번 잘못 끼워진 것을 빼려니 빡빡해서 쉽지가 않았다. 시간이 꽤 지난 듯하였다. 그래서 계속 걸어가면서 단추를 풀어 다시 끼웠다. 정상을 목전에 두고 겨우 옷매무시를 가다듬었다.

그리고 정상에 올라가 보니 생각보다 사람들이 별로 없었다. 하지만 나는 옷매무시를 가다듬었다는 생각에 그들의 눈을 의식할 필요가 없었다. 허리를 쭉 펴고 당당하게 거리를 활보하였다. (2017. 4. 2. 주일)

1389. 동녘 광명

위쪽이 뻥 뚫린 정방형 지하실에서 일하고 있었다. '밝게 빛남'이라는 목사가 함께 있기를 원했으나 나는 위로 올라가려고 하였다.

그때 '성공 일화'라는 장로가 사다리 위에서 일하고 있었다. 그 사다리에 내 사다리가 묶여 있었다. 그래서 안심하고 사다리를 타고 올라갔다.

그 장로의 사다리는 모서리에 있었고, 내 사다리는 가운데 있었다. 나는 사다리 뒤쪽으로 하나하나씩 올라갔다. 마지막 2계단을 남겨놓고 어려움이 있었으나, 나도 모르게 사다리를 벗어나 위에 올라가 있었다. 아래쪽 지하실을 내려다보니 여간 답답한 곳이 아니었다.

그리고 오후에 '규범 구슬'이라는 목사가 전화로 알려주었다.

"지금 기도원입니다. 기도하는 가운데 동녘에서 광명이 솟아오르는 것을 보았습니다!" (2017. 4. 5)

1390. 중고차

중고차 시장을 둘러보고 있었다. 그러다가 빨간 프라이드 승용차를 시운전하였다. 실내 공간도 넓고, 차량 천장도 높고, 엔진 소리도 부드러웠다. 다만 앞뒤 시트가 모두 내려앉아 있었다.

그리고 가족과 상의한 후 한참 만에 그 차를 사기로 결정하였다. 그런데 그 차를 어디에다 두었는지 찾기가 어려웠다. 딜러가 차량 카드를 이 잡듯이 뒤진 후에야 겨우 찾을 수가 있었다. 그리고 이것저것 필요한 부품을 가지고 와서 차를 손보려고 하였다.

그때 내 차가 오래되어 에어컨 가스도 새고, 엘피지 가스 냄새도 많이 났다. 그래서 폐차를 해야 하느냐, 그래도 타이어 4개를 교체한 지 얼마 안 되었으니 1년쯤 더 타야 하느냐로 고심하였다. (2017. 4. 10)

1391. 정치 집착

대통령 선거일이 되었다. 어떻게 하든지 투표를 해야 한다는 생각으로 투표소를 찾아갔다. 그런데 비탈길로 얼마나 내려가는지 상당한 시간이 걸렸다.

그런데 막상 찾아가 보니 서울 용산에 있는 어느 동사무소였다. 경상도 영덕에 사는 내가 왜 서울 한복판까지 가서 투표를 하게 되었는지 의아스러웠다.

게다가 투표소에 들어가니 썰렁하였다. 투표하는 사람은커녕 참관인들도 보이지 않았다. 기계에 주민등록번호를 입력하자 투표용지가 나왔다. 맨 안쪽 창구에 갔더니 그제야 여직원이 나왔다.

여직원의 확인을 받고 나 홀로 투표하였다. 그런데 내 주민등록지가 목포로 되어 있었다. 그 또한 이상하였다. 투표 한번 하는데 정말 헷갈리고 힘들었다.

그러고 보니 내가 현실 정치에 너무 민감하게 반응한다는 생각이 들었다. 매일 정치 뉴스를 보는데 많은 시간을 허비하였다. 오만하고 무능한 정치인의 불통과 국민을 무시하는 태도에 분개하고 있었다.

"지도자는 무엇보다도 먼저 청렴한 사람이 되어야 해."

그러나 그 모든 것이 부질없는 일이었다. 내 힘으로 무엇을 어떻게 하겠는가? 내가 집착한다고 해서 그게 어디 내 마음대로 될 일이던가? 정치는 정치인에게 맡겨야 한다는 생각이 들었다.

"오, 주여! 제가 잘못 생각하고 있었습니다. 이제 그만 종의 생각을 거두게 하십시오. 정치에 대한 부질없는 집착을 떨쳐버리고 주의 일에 전

념하게 하십시오." (2017. 4. 10)

1392. 인생무상

지난해 10월 4일 입원했던 아버지가 6개월이 지나 오늘 퇴원하였다. 무릎 관절 수술을 3번이나 받고 눈 수술을 하였다. 이제는 앞도 잘 보지 못하고, 걷기는커녕 보조기구가 없으면 일어나지도 못했다.

인근에 새로 생긴 안과를 찾아갔으나 3차 병원인 대구나 서울로 가라고 하였다. 하지만 눕고 싶다는 아버지의 뜻에 따라 본가로 모셔다드리고 돌아왔다.

'앞으로 얼마나 많은 설움을 받을지.'

어머니는 의사 선생님의 말대로 3개월 정도 병원에서 물리치료를 받고, 지팡이를 짚고라도 어느 정도 걸을 수 있으면 퇴원하라고 하였으나, 아버지는 극구 집으로 퇴원하겠다고 하여 돌아왔다.

그런데 퇴원 일자를 잡고 안과에서 수술한 것이 잘못되어, 며칠 동안 잠도 못 자고 신경을 썼던바, 기력이 완전히 떨어졌던 것이다. 급한 성격에 치매도 있는 데다가, 다리와 눈까지 성치 않아 큰일이었다.

다리 수술도, 눈 수술도 본인이 스스로 결정하여 한 것이니 누구를 원망하겠는가? 파킨슨병을 8년째 앓고 있는 어머니의 원망에 아버지는 할말이 없어 울상만 지었다.

봉고차를 몰고 집으로 돌아오면서 아버지의 자신감이 원망스러웠다. 모든 것을 하나님께 맡기고, 보다 겸손히 섭리에 순응하였다면 오죽이나 좋았겠는가 싶었다.

하나님 앞에 서기 전의 나를 보는 것 같아 마음이 너무 아팠다. 80세가 넘어 무슨 미련이 그리 많은지 정말 안타까웠다. 하지만 나로서는 어쩔 수가 없었다.

나는 오늘 아침까지 피로가 풀리지 않아 수차례 일어났다가 눕기를 반복하였다. 그러다가 이상야릇한 글을 보았다.

"At sunrise, it is sunset."

"이게 무슨 말인가? 해 뜨자 해 진다?, 해돋이가 해넘이? 인생무상? 그렇다면?"

갑자기 오만 가지 잡생각이 떠오르며 불길한 예감이 들었다. 그때 살이 빠져 어린아이처럼 작아진 아버지와 근심걱정에 사로잡혀 더욱 쪼글쪼글해진 어머니의 얼굴이 보였다.

천 리 밖에 있는 재래식 화장실이 원망스러웠다. 요강에 소변과 대변을 받아내는 어머니의 모습이 눈에 선하였다. 울상을 짓는 아버지의 얼굴도 보였다.

"오, 주여! 제 아버지와 어머니를 긍휼히 여겨 주십시오." (2017. 4. 14)

1393. 구주의 신용

지난해 10월 아버지가 무릎 수술을 받았다. 이후 2번이나 파열되어 3차례에 걸쳐 수술하고, 2주 전 6개월 만에 퇴원하였다. 퇴원을 앞두고 눈 수술한 것이 재발하여 다시 입원하여 재수술하였다.

하지만 그것도 여의치 않아 오늘 3번째 수술을 받기 위해 대구 가톨릭 병원으로 간다. 그래서 자정에 일어나 2시까지 '휴먼 드라마'를 교정하였다. 그리고 다시 자리에 누웠다가 환상을 보았다.

너무 피곤하여 깜빡 졸았다. 누가 깨워서 일어나 보니 한 교수가 내 옆에 있었다. 학교였다. 지난 과제를 몰라 당황하였다. 교수가 가까이 와서 귓속말로 일러주었다.

"구주의 신용에 대한 내용을 A4 용지 1장으로 요약해서 제출하라. 이는 실재니 실제로 작성하라. 너 자신뿐만 아니라 세상 모든 사람을 위해 유익한 것이다." (2017. 4. 26)

1394. 상처받은 닭

닭을 키우고 있었다. 닭장을 보니 건강하게 자라던 중병아리가 죽어 있었다. 그때 개가 달려들어 그 닭을 먹으려고 하였다. 그러자 죽은 줄 알았던 닭이 후다닥 일어나 내 앞으로 다가왔다. 개를 쫓아내고 보니 닭의 몰골이 말이 아니었다.

닭 등에 움푹한 구멍이 생겨 그 안에 진물이 고여 있었다. 닭을 거꾸로 들고 두세 차례에 걸쳐 물을 쏟아버렸다. 그리고 배를 보니 배에도 구멍이 있었다. 등과 배에 구멍이 났으니 오죽이나 아팠을까? 너무 안쓰러워 쓰다듬어 주었더니 사람의 신음을 냈다.

그때 그 닭이 나 자신처럼 보여 더욱 안쓰럽고 불쌍하였다. 상처를 소독하고 연고를 바른 뒤 안전한 곳에 두면서, 마이신을 탄 깨끗한 물을 주고, 영양가 있는 모이를 충분히 주고, 따뜻한 볏짚을 깔아주었다.

하지만 이제까지 여러 닭을 키워본 결과, 그 닭이 다시 살아날 가능성은 희박하였다. 상처가 너무 깊었기 때문이다. (2017. 5. 3)

1395. 사형수 심정

무슨 연유로 내가 사형을 당할 처지에 놓였다. 하나님 앞에서 보면 백 번 죽어 마땅하지만, 세상에서 무슨 죄를 지어 사형을 당하게 되었는지 억울하다는 생각이 들었다. 하지만 나는 저항할 수 없었고 변론의 여지도 없었다. 아무도 보이지 않았기 때문이다.

그런데 정범(正犯)인 내가 죽으면 종범(從犯)인 그가 살고, 내가 살면 그가 죽을 것처럼 보였다. 나와 그 사람 사이에 하나가 실범(實犯)일 수도 있었지만, 둘 다 아닐 수도 있었다.

그때 주범인 나도, 종범인 그도 무슨 죄목으로 사형을 당해야 하는지 몰랐다. 아무튼 나와 그는 포승에 묶여 나란히 서 있었고, 나와 친분이 있는 '황금 병기'가 옆에서 뭐라고 변호하며 힘을 북돋워 주었다.

그러고 보니 포청천 일행보다 조금 앞서가는 기(旗) 같은 것이 내 왼쪽 다리에 묶여 있었다. 포청천이 사형을 집행하라고 나뭇조각을 던질 것 같았다.

'아, 이렇게 내 인생을 마감하게 되다니. 아직도 할 일이 있는데. 이럴 줄 알았으면 교정한 원고라도 먼저 보낼걸. 시간을 좀 더 아낄걸. 이웃을 사랑할걸. 가족을 배려할걸. 이게 꿈이었으면.'

"오, 주여! 저를 굽어살펴주소서."

그때 왼쪽 다리에 묶인 포청천의 깃발이 스르르 풀리며 땅바닥에 떨어졌다. 그리고 잠에서 깨어났다.

"할렐루야! 정말 꿈이었습니다! 주님께서 생시를 꿈으로 바꿔주셨습니다!"

얼마나 감사한지 몰랐다. 주님의 은혜가 눈물겹도록 고마웠다. 이제부터 사형수의 심정으로 하루하루 최선을 다해 살아야겠다는 생각이 들었다. 그리고 2시간쯤 지나 다시 잠이 들었다가 또 환상을 보았다.

앞산 절벽에서 아름드리 소나무가 베어져 강바닥으로 떨어지는 모습이 보였다. 어떤 나무는 거꾸로 떨어졌고, 어떤 나무는 옆으로 떨어졌다.

거꾸로 떨어진 나무는 위쪽 절반이 으스러졌고, 옆으로 떨어진 나무는 허리가 부러져 두 동강이 났다. 무서운 생각이 들었다. (2017. 5. 12)

1396. 살인자 증거

어쩌다 실제로 살인을 했는지, 아니면 살인 사건에 연루되었는지 모르지만, 하여간 내가 살인자로 몰렸다. 그 증거로 내가 신발을 가지고 있었는데, 검정 고무신 한 짝과 흰 고무신 한 짝, 그리고 구두 한 짝이었다.

그래서 길가 하수구에 그 신발을 버릴까 생각했지만, 그리스도인의 양심상 차마 그럴 수가 없었다. 가능한 한 모든 것을 명명백백히 밝히고 싶었다.

아니나 다를까 얼마쯤 가다가 경찰의 검문을 받았다. 스스로 신발 봉지를 보여주었다. 그때 경찰이 힐끔 쳐다보더니 너무나 태연자약한 내 모습에 말하였다.

"인자하신 목사님이 차마? 여기, 그냥 가지고 가세요."

그때 저만큼 있던 다른 경찰이 수배 전단과 사진을 들고 다가와 말했다.

"이걸 보십시오. 살인자의 증거물이 틀림없습니다. 손을 내미시오."

그리고 내 양손에 수갑을 채웠다. 그때 내 옷소매에서 작은 치부책 2 권이 떨어졌다. 제목을 보니 '국무총리 일기'였다. 경찰이 펴보고 거기 몇 자를 덧붙여 적으며 말하였다.

"그러니 어쩌라고, 나보고 어쩌란 말이야!"

마치 고려의 충신 정몽주(鄭夢周)의 단심가(丹心歌)를 듣고, 조선의 공신 이방원(李芳遠)이 하여가(何如歌)를 읊조리듯 하였다. (2017. 5. 19)

1397. 봉숭아 연정

닭장 옆에 조그만 화단을 만들고 봉숭아 씨를 뿌렸으나 잘 나지를 않았다. 그런데 교회당에서 달아낸 가추 지붕 패널(panel) 위에 두 포기의 봉숭아가 자라나고 있었다.

어쩐 일인가 싶어 보았더니 'U' 자 모양으로 싹은 양쪽에서 나왔으나 줄기는 하나였다. 그야말로 샴쌍둥이였다. 게다가 실뿌리도 하나 없었다.

그 뜨거운 철판 위에서 뿌리도 없이 어떻게 자랐는지 정말 의아스러웠다. 너무 애처롭고 가여워서 화단에 옮겨 심으려고 하였다. (2017. 5. 29)

1398. 태산과 거목

큰 산기슭의 절벽 아래쪽 바위틈에서 살고 있었다. 아무 생각 없이 낮이면 나왔다가 저녁이면 들어가 잤다. 그렇게 하루하루를 지냈다.

어느 날 내가 살고 있는 그 산을 멀리서 똑바로 바라보게 되었다. 세상에서 가장 높다는 태산이었다. 나는 그 산봉우리 바로 아래 동굴에 살고 있었다.

그런데 내가 살고 있는 바위틈 위쪽의 절벽이 무슨 고목의 밑동 같았다. 산마루 자체가 큰 나무였고, 그 산은 나무가 자라면서 생긴 둔덕이었다.

나무가 얼마나 크고 웅장한지 우주 밖에서 밑둥치만 조금 보였다. 그 나무의 위쪽 부분이 하늘 위로 올라가 보이지 않았다.

그러고 보니 태산은 거목이 자라면서 솟구친 부분이었고, 나는 그 거목 밑둥치 틈새에 살고 있었다. 태산은 높았으나 하늘 아래 뫼였고, 거목은 얼마나 큰지 가히 짐작도 할 수 없었다. (2017. 6. 6)

1399. 오만한 바람

무슨 바람이 나와 동행하고 있었다. 그런데 계속 거들먹거리며 나를 무시하였다. 그래서 한마디 하였다.

"이 오만한 바람아, 네가 잘 났으면 얼마나 잘 났고, 내가 못났으면 얼마나 못났다고 그렇게까지 하느냐?" (2017. 6. 8)

1400. 노환의 손님

어제 하루 평균 혈압이 155/98mmHg로 드러났다. 140/90 이상으로 고혈압 판정을 받고 약을 받아왔다. 그리고 우측 폐에 동전만한 흔적이 발견되었다. 지난 몇 달 동안 마른기침이 계속되더니 폐병으로 여겨졌다.

의사가 추가 검사를 받으라고 하였으나 다음에 받겠다고 하였다. 아직 아무것도 준비되지 않은 상태라 어리둥절하였기 때문이다.

이제 내게도 이런저런 노환의 손님이 찾아왔다. 잘 대접하여 섭섭지 않게 해주고, 들림받을 준비를 해야 할 것으로 보였다. (2017. 6. 9)

1401. 종합 병원

지난 목요일부터 오늘까지 계속 종합 병원을 찾았다. 한밤중에 헛기침을 하는가 하면, 가래가 차고 목이 아프고 가슴이 답답했기 때문이다. 허파에 이상이 있는 것 같다는 의사의 소견을 듣고 더욱 심한 것처럼 느껴졌다.

나야말로 정말 걸어 다니는 종합 병원이 아닌가? 정수리의 지루(脂漏)부터 안질, 알레르기 비염, 구강염, 위장병, 십이지장궤양, 전립선, 고혈압, 다리 저림 등, 그야말로 머리끝부터 발끝까지 성한 데가 없다.

하지만 이번에는 심장 초음파 검사 결과 부정맥을 제외하고 특별한 이상이 없었다. 간에는 약간의 기름기만, 폐에는 언젠가 부러졌다가 나은 뼛조각 외에는 특별한 이상이 없었다.

그래서 지난 3일간에 걸쳐 마음고생은 많았으나 홀가분하게 집으로 돌아왔다. 준비되지 않은 상태로 갑자기 하늘나라로 가는 것은 어느 누가 봐도 바람직하지 않은 일이었다. (2017. 6. 12)

1402. 비정한 세상

'거룩한 일을 드러냄'이라는 선임 대령이 있었다. 그는 이탈리아부대 백부장과 같이 경건한 사람으로서, 온 가족이 하나님을 경외하였고, 성품이 온화하여 이웃을 위해 아낌없이 베풀었다.

사병에서 하사관, 위관, 영관의 보직을 두루 거치고, 이제 장관급 장교로서 마지막 승진을 목전에 두고 있었다. 모든 사람의 존경을 한몸에 받고 있었던바, 장군 승진은 떼놓은 당상으로 보였다.

그때 승진 경쟁이 치열하여 정치적 당리당략과 권모술수, 가짜 뉴스가 판을 쳤다. 하지만 그는 모든 일을 하나님께 맡기고 평소와 다름없이 일하였다. 그러던 어느 날 경쟁자의 의혹 제기로 수사관이 그에게 찾아왔다.

"대령님은 대령 진급 시 각축을 벌이던 경쟁자에게 얼마 전 중고차를 사준 적이 있다면서요. 그게 사실입니까?"

"그렇습니다. 사실은 지금도 내 명의로 사준 자동차가 몇 대 있습니다."

"왜 그랬습니까? 세상에 도와줄 사람이 그 사람밖에 없었습니까? 더 어려운 사람도 얼마든지 있지 않습니까?"

"아, 그것은 그 친구의 고충이 심하다는 소식을 듣고 양심적으로 미안한 생각이 들었기 때문입니다. 그때 내가 없었다면 그가 대령이 되었을 것이고, 지금처럼 생활이 어렵지 않았을 게 아닙니까? 더욱이 그는 내 친구로서 평소 잘 아는 사이입니다.

그가 얼마나 빚에 쪼들리며 살았는지, 자살까지 생각하고 있다는 소문이 들렸습니다. 그래서 힘들지만, 가족과 함께 살라고 중고차를 사주었습니다."

"그렇다고 하더라도 그는 대령님과 승진을 두고 경쟁자의 위치에 있었고, 그가 중도에서 포기하지 않고 끝까지 밀고 나갔다면, 제삼자가 승진할 수도 있었다는 것이 다른 동료들의 생각입니다.

자, 여기를 보십시오, 여론 조사 결과입니다. 국민 50% 이상이 '경쟁자 사후 매수 죄'에 해당한다고 하였습니다. 그러므로 대령님의 형사 처분은 불가피합니다."

그 말을 듣고 대령은 비정한 세상에 눈물을 삼킬 수밖에 없었다. 그의 진심을 하나님만이 알아줄 것으로 생각하고 당당히 법정에 섰다. 그리고 옥신각신하며 다투다가 결국은 실형을 받았다.

그때 몇 해 전 논란이 있었던 '곽○○ 교육감 사건'이 생각났다. 그도 교육감 선거 시 그의 경쟁자 위치에 있었던 사람의 어려운 소식을 듣고, 양심적으로 빚을 내 도와주었다가 결국은 실형을 받았다. 그도 순수한 그리스도인으로서 평소 어려운 사람들을 많이 도와주었다.

그는 1심에서 양심적 형을 받고, 2심에서 실형을 받았으며, 3심에서 징역 2년이 확정되었다. 그도 역시 '후보자 사후 매수죄'라는 얼토당토않은 죄목으로 실형을 받았다.

1심 재판관이 말하였다.

"선비는 배 밭에서 갓을 고쳐 쓰지 말라고 했습니다."

2심 재판관이 말하였다.

"양심적 부조라고 증명할 방법이 현실적으로 없습니다."

3심 재판관이 말하였다.

"국민 50% 이상이 유죄라고 생각하는데 무슨 소리요?"

그렇게 해서 그 교육감도 비정하고 각박한 세상에서 눈물을 삼킬 수밖에 없었다. (2017. 6. 22)

1403. 연민의 정

지난 며칠간 이사를 했다. 작년 4월 영해로 이사하였다가 15개월 만에 교회당을 수리하여 다시 돌아왔다. 자매가 이랬다저랬다 하는 바람에 짜증을 내면서 불평을 늘어놓았다.

가벼운 짐은 우리가 하나씩 옮기고, 냉장고와 안마 의자, 장롱 등 무거운 것만 일꾼들에게 맡겼다. 그들이 보는 앞에서 내 부족함을 고스란히 드러내었다.

그런데 나뿐만 아니라 자매의 인지 장애도 심해 너무 안타까웠다. 그동안 공사하느라 많이 힘들고 지치기는 하였으나, 워낙 고집을 부리고 막무가내라서 쳐다보지도 않았다. 하지만 이제는 연민의 정을 느낀다.

창문을 통해 다가오는 어둑새벽 하늘을 우러러보며 기도하였다.

"오, 주여! 죽을 때까지 하늘을 우러러 한 점 부끄럼이 없기를…. 이제 저도 죽어가는 모든 것을 사랑해야겠지요? 그리고 제게 주어진 길을 걸

어가야겠지요?" (2017. 7. 5)

1404. 황금계

교회당 공사를 마무리하면서 콘크리트 폐석이 남았다. 버릴 데가 마땅치 않아 울타리 옆으로 가지런히 쌓아 화단을 만들고 2/3쯤 닭장을 지었다.

그리고 기르던 황금계 한 쌍을 옮기고 백봉 오골계 한 쌍을 새로 사다가 넣었다. 알을 얻기도 하지만 교회를 찾는 사람들을 위해 관상용으로 키우려고 하였다.

그런데 오늘 새벽, 그와 관련하여 의미 있는 꿈을 꾸었다. 일가친척과 더불어 공사를 마무리하려고 애썼으나 까닭 없이 지체되었다.

그때 달구새끼들끼리 서로 싸우는 소리가 들렸으나 대수롭지 않게 여겼다. 하지만 계속 신음이 들려 닭장을 보았더니, 백봉 오골계 한 쌍이 황금계 한 쌍을 구석에 몰아 쪼아대고 있었다.

막대기를 찾아들고 백봉 엉덩이를 쿡쿡 찔렀더니 뒤로 물러났다. 그런데 그놈이 오색찬란한 황금계 수컷 목을 잘라 물고 있었다.

깜짝 놀라 닭장 속을 보니 황금계 한 쌍의 몸뚱어리가 포개져 있었다. 백봉 오골계가 황금계의 화사한 외모를 시기하여 죽인 게 틀림없어 보였다. (2017. 7. 11)

오늘은 아버지를 모시고 병원에 가야 한다. 아버지가 소변을 보지 못해 지난주 금요일 병원에 들렀더니, 신장 기능이 10%도 남지 않았다고 하였다. 오늘부터 1주일간 입원하여 검사를 받아야 한다.

그래서 지난밤 이런저런 걱정을 하면서 잠자리에 들었다가 2번이나 같은 꿈을 꾸었다. 내가 세상 사람들과 더불어 일상적인 일을 하면서, 그들의 잘잘못을 따져 벌을 주는 재판관의 위치에 있었다.

모든 재판이 얼추 끝나갈 무렵, 전능하신 분의 강권적 주장에 의해 나는 감사관의 위치로 바뀌게 되었다. 감사관은 재판관과 같이 잘잘못을 따지되, 잘못은 지적하여 바로잡도록 고쳐주고, 잘한 것은 격려하여 상을 주었던바, 심판과 상급의 극단적 결과를 양손에 쥐고 있었다.

어제 오후에 관대길 민박집 마루가 삐거덕거려서 보수하였다. 장판을 걷어내고 피스로 판자를 고정했다. 그리고 보온재를 깔고 마감하였더니 쿠션도 좋고 소리도 나지 않았다.

열흘 전 교회로 이사하여 그 집을 팔려고 내놓았으나 기미가 보이지 않았다. 며칠 전 기도 중에 주님의 감동이 있었다. 그래서 며칠간 구상하여 어제 보수를 마쳤다. 인천에서 오늘부터 민박 손님이 오기로 되어 있었던바, 청소와 아울러 서둘러 보수를 마쳤다.

어제 새벽 3시경 일어나 샤워하고, 새벽기도 드리고, 주일 오전 정기예배와 오후 찬양예배까지 모두 마치고, 마루 보수를 하였더니 너무 피곤하였다.

그래서 저녁 8시 초저녁에 잤다. 목회자는 재판관이 아니라 감사관이라는 사실을 다시 일깨워주셨다. 어제저녁에 이어 오늘 새벽까지 2번에 걸쳐 똑같은 꿈을 꾸게 하셨다.

그리고 오늘 새벽 일어나 샤워하고 기도할 때, 그것이 그냥 넘길 평범한 꿈이 아니라는 사실을 깨달았다. 목회자로 살아가면서 항상 명심하고 지켜야 할 덕목으로 여겨졌다. 그래서 바로 이 글을 쓰기 시작하였다. (2017. 7. 24)

1406. 보도블록

왠지 온종일 마음이 편치 않았다. 오후에 한숨 자고 일어날 때 순간적으로 2개의 짧은 환상이 보였다.

하나는 잡초가 무성한 보도블록에 빗물이 빠지지 않고 고여 있는 모습이었고, 다른 하나는 대구 신대원에 가고 없는 자매가 이르기를 승용차를 두고 승합차를 몰고 가라는 것이었다.

하지만 이 둘 다 무슨 의미인지 확연히 다가오지 않았다. (2017. 7. 29)

1407. 거룩한 기운

어머니와 여동생이 함께한 모임에서 '거룩한 기운'을 만났다. 그는 내 친구로서 마음씨가 착했으며 친척이나 다름이 없었다. 어머니가 집에 가서 밥이나 한 끼 같이 먹자고 하였으나 그는 극구 사양하였다. 그래서 어머니가 다시 말했다.

"그러면 이 근방 식당에 가서 점심을 먹자."

그러자 그가 따라나섰다. 그때 내가 말했다.

"그러면 로터리에 있는 내장탕 집으로 가요."

여동생이 거들었다.

"그래요. 음식이 아주 부드럽고 맛있어요."

그래서 어머니와 여동생, '거룩한 기운'이 먼저 자리에서 일어나 밖으로 나갔다. 나도 일어나 출입문으로 나아갔더니 내 신발이 없었다. 직원에게 물어보았다.

"내 신발이 없는데요?"

"맨 처음 앉았던 구석으로 가보세요."

그리고 보니 구석별로 신발장이 따로 있었다. 신발을 찾아 신고 밖으로 나가려고 하였다. 그런데 도로로 나가려면 10개쯤 되는 계단을 올라가야 했다. 평소에는 별문제가 없던 그 계단이 왜 그리 가파르게 보이는지 아예 앉아서 손으로 기어 올라갔다.

그렇게 마지막 계단에 이르렀다. 건강한 사람도 무엇을 잡지 않으면 올라가기 힘들었다. 마침 오른쪽 구석에 쇠기둥이 있었다.

'옳지, 저걸 잡고 일어나면 되겠군!'

그때 어떤 사람이 나보다 먼저 기둥을 잡았는데 스르르 빠져나와 계단 좌측까지 미끄러져 내려갔다. 마침 독서 삼매경에 빠진 사람이 그 옆에 서 있었다. 그가 부탁하였다.

"내 손을 잡아 좀 일으켜주시오."

그러자 그가 손을 잡아 일으켜주었다. 그 모습을 보고 나도 부탁했더니 역시 내 손을 잡아 세워주었다. 그리고 밖으로 나가 보니, 어머니와 동생, '거룩한 기운'이 길 건너편에서 기다리다가 내가 지체하므로 도로 건너오려고 하였다.

그때 내가 신호를 받아 건너가자 그제야 택시를 잡으려고 하였다. 그런데 빈 택시가 몇 대 지나가면서 서지를 않았다. 어머니는 손수레를 끌고 가는 아줌마를 만나 뭐라고 급히 이야기를 나누기도 하였다.

이런저런 사유로 자꾸 지체되어 안타까운 마음이 들었다. (2017. 7. 30. 주일)

1408. 외톨이 신발

정신없이 분주하게 지내다 보니 학교 가는 것도 까맣게 잊고 있었다. 그때 나는 골방에서 무엇을 정리하였다.

'그렇지! 아무리 바빠도, 많이 늦었으나, 나이도 먹었지만, 나에게 그토록 잘해준 장 선생님의 얼굴을 봐서라도, 이제 학교에 가야지. 그리고 졸업은 해야 돼.'

그리고 부랴부랴 밖으로 나가 처마 밑에 있는 신발을 찾기 시작하였다. 마루 밑에서 왼쪽 구두는 찾아 신었으나 오른쪽 구두가 보이지 않았다. 얼마 전에 다녀간 손님이 잘못 신고 간 것으로 보였다.

그런데 왜 그리 외톨이 신발이 많은지, 마루 밑과 처마에 신발이 가득하였으나, 짝이 맞는 것은 하나도 없었다. 구두는 물론, 고무신도, 슬리

퍼도, 운동화도, 아무것도 맞는 것이 없었다.

무슨 신발이나 짝이 맞기만 하면 신고 학교에 가려고 하였으나 하나도 보이지 않았다. 급기야 짜증을 내면서 원망하다가 학교 가는 것을 포기하고, 다시 골방에 들어가 일을 시작하였다. (2017. 7. 31)

1409. 아궁이 불

아궁이를 보니 참나무 장작을 비롯하여 소나무를 통째로 가득 넣은 상태로 불을 때고 있었다. 그때 아궁이 입구에는 썩은 물이 고여 있었다.

'이 여름에 무슨 불이야, 아예 집을 태워버릴 작정인가?'

하면서 아궁이 속에 있는 참나무 장작을 끄집어내기 시작하였다. 그리고 물에 적셔 차곡차곡 옆에 쌓았다. 구들장 아래까지 깊숙이 들어가 있는 통나무는 어쩔 수가 없어 그냥 타게 내버려 두었다.

그리고 일어나 허리를 펴면서 보니, 옆에 쌓아둔 참나무 장작에 불씨가 되살아나 타고 있었다.

"이런 제기랄!"

깜짝 놀라 다시 물을 뿌려 불을 껐다. 그리고 아궁이에도 물을 부어 불길을 잡았다. (2017. 7. 31)

1410. 뿌리와 가지

그리고 밖으로 나가 길을 가기 시작하였다. 다리 아래쪽 늪에 수양버들과 잡목이 우거져 있었다. 다른 나무들은 가만히 있는데 유독 한 나무가 요동을 치는 모습이 보였다.

그 나무의 뿌리가 스스로 뽑히더니 하늘을 향해 높이 솟구치기 시작하였다. 그때 땅에 처박힌 가지들은 땅속으로 들어가 물기를 흡수하려고 애썼다.

가만히 보니 뿌리와 가지가 서로 역할을 바꾸려는 듯하였다. 뿌리가 하늘로 올라가면서 순을 내고 잎을 틔우는 모습이 보였다. 그것을 보고 내가 중얼거렸다.

'그래, 저 나무가 저렇게 하여 건강한 모습으로 자란다면 나도 희망이 있을 거야!'

그때 나는 카드 대금 때문에 적잖은 고민을 하며 기도하고 있었다. 내일 1일에는 현금서비스 등으로 카드 대금을 막을 수 있지만, 다음 달 1일에는 방법이 없었기 때문이다.

그런데 한참 열정적으로 요동을 치던 나무가 힘이 다 빠진 듯, 옆으로 거꾸러지면서 가지와 뿌리가 한꺼번에 으스러지고 말았다. 자연적으로는 더 이상 살아날 가망이 없어 보였다. 섭리에 순응하지 못하고 오두방정을 떨던 나무의 결과가 너무 비참하였다.

그 나무의 결말을 보고 나는 더욱 의기소침하여 집으로 돌아갔다. 마당으로 들어가는 길목에 앉아 돌멩이를 한쪽으로 치우기 시작하였다. 무엇이든 하나하나 정리하고 마무리하기를 원하였기 때문이다.

그때 어릴 때 보았던 로맨스 영화 '스잔나(Susanna, 1967년 홍콩)'의 슬픈 결말이 뇌리를 스치며 지나갔다.

'아, 내 인생도 이렇게 끝나고 마는가? 그렇다면 마지막으로 슬픈 소설이나 하나 쓰고 싶다. 스잔나보다 더 슬프고 애잔한 이야기를!'

그리고 자리에서 일어났더니 이게 어찌 된 일인가? 마당으로 들어가면서 보니 전혀 딴 집이 되어 있었다. 깨끗이 소제된 마당과 정원, 부엌과 아궁이, 마루와 방, 잘 가꾸어진 조경수까지, 정말 그림 같은 집으로 바뀌었다.

환후 중인 아버지는 어느 정도 건강을 회복한 듯 마당에 앉아 마지막 남은 잔돌을 골라 치우는 모습이 보였고, 어머니는 부엌에 들어가 살림을 정리하고 있었다.

그토록 지저분하고 어지럽던 우리 집안이 정리 정돈되어 세상에서 둘도 없을 정도로 깨끗하였다. 그야말로 안빈낙도하는 청백리의 집처럼 느껴졌다. (2017. 7. 31)

1411. 음독 사건

지난 7월 31일 아침 8시경, 아버지가 음독하였다는 연락을 받고 본가로 달려갔다. 파킨슨병을 앓는 어머니가 너무 놀라 아무 소리도 들리지 않는다고 하였다.

아버지는 알츠하이머병으로 짐작되는 치매를 앓고 있을 뿐만 아니라, 관절 수술, 녹내장, 심장병, 신장병, 고혈압, 당뇨 등으로 작년부터 입원과 퇴원을 반복하고 있었다.

다행히 아버지는 어제, 그러니까 4일 만에 의식을 되찾았다. 고농도 농약이 아니고 그 양도 그리 많지 않아 생명에는 지장이 없을 것이라고 의사가 일러주었다.

농약인 제초제를 마신 결정적 사유는, 만성 질환 등으로 차상위층 의료 혜택을 받고 있었으나, 군청 직원이 8월 1일부터 제외하겠다고 연락하였던바, 이제 약도 사 먹을 수 없게 되었다고 비관하였기 때문이다.

그래서 지난 3일 동안 군청과 건강보험공단을 찾아 확인한 결과, 파주 누나가 계약직 버스 기사로 운전하면서 봉급을 많이 받았기 때문이다. 월평균 250만 원쯤 되었으나 지난 6월에는 400만 원이 넘어 그렇게 하였다는 것이다.

누나는 8월 8일부로 계약 기간이 만료되어 이미 사직원을 제출하여 결재가 난 상태였고, 급여 명세서, 퇴직 확인서 등을 팩스로 받아 제출하고 돌아왔다.

그런데 지난 1년간 급여가 월평균 210만 원 이하가 되어야 한다는 등 계속 전화가 왔다. 그래서 정년퇴직을 앞둔 동생에게 좀 자세히 알아봐 달라고 부탁하였다.

그리고 이제부터가 더 걱정이다. 뇌 질환을 앓으며 헛것을 보고 소리를 지르는 아버지가 회복하여 귀가한다고 한들, 앞으로 또 이런 일이 일어나지 않을 것이라는 보장이 없었기 때문이다.

요양병원에는 가지 않겠다고 하여 어머니와 함께 지내고 있지만, 비슷한 치매를 앓는 부모가 서로 힘드니 어쩌면 좋단 말인가? 정말 인생은 난제 중의 난제임에 틀림이 없는 것 같다.

오직 믿음, 믿음만이 그 해결책일 텐데, 그 믿음을 무력화시키는 정신 질환을 우리가 어쩌면 좋단 말인가? (2017. 8. 4)

1412. 노란 병아리

중환자실의 아버지가 산소 호흡기에 의지하여 겨우 숨만 쉬고 있었다. 누가 면회를 왔다가 갔는지도 몰랐다. 어제 일을 기억하지 못했다. 느닷없이 눈이 안 보여 안경을 맞추었다고 하였다. 음독 사건으로 치매 증상이 확연히 드러난 듯하였다.

날씨가 너무 더워 힘이 없었다. 오후에 잠시 눈을 붙였더니 노란 병아리가 보였다. 처음에는 그런대로 잘 놀더니 조금 지나자 말썽을 피웠다.

병아리가 물불을 가리지 않고 사방을 싸돌아 돌아다녔다. 안 되겠다 싶어 붙잡아 두려고 하였으나 요리조리 피해 다녀 잡을 수도 없었다. 그러다가 물속으로 들어갔다. 물고기와 같이 물속에 있는 바위 속으로 숨어들었다.

그때 손가락만 한 실뱀 2마리가 그 바위 속으로 들락날락하는 모습이 보였다. 위험하여 쉽게 손을 쓸 수가 없었다. 한참 후 바위를 들었더니, 병아리가 기진맥진한 상태로 한쪽 구석에 처박혀 있었다.

겨우 붙잡아 들고 나왔으나 피부가 한 껍질 벗겨지면서 병아리의 머리가 분리되었다. 제자리에 갖다 맞추었으나 붙을지 의문이었다. 아무래도 미심쩍어 방 안으로 가져가 이불 속에 넣어 두었다.

얼마 후 딸 같은 아이가 나타나더니 추워서 벌벌 떨며 아쉬운 듯 말하였다.

"왜 여태껏 보고만 있었어요?"

그 말을 듣고 쪽문을 열고 부엌을 바라보았다. 아궁이에 군불을 지펴 놓았으나 불이 잘 들지 않았다. 그래도 방이 따뜻해지기를 기다릴 수밖에 도리가 없었다.

그때 새떼가 먹이를 물고 산으로 올라가는 모습이 보였다. 처음에는 한 마리가 작은 먹이를 물고 다른 새들은 뒤따라갔으나, 나중에는 여러 새들이 사람만한 큰 먹이를 함께 물고 가다가 땅에 떨어뜨렸다. 하지만 그 먹이를 쉽게 포기하지 않을 듯했다. (2017. 8. 4)

1413. 안전한 집

변소의 판자때기가 썩어 구멍이 뻥 뚫어진 모습이 보였다. 노약자는 말할 것도 없고 건강한 사람도 삐끗하면 똥통 속에 빠질 위험이 있었다.

그것을 보고 늘 안타까운 마음으로 지내다가, 어느 날 새 판자때기를 구해 변소를 수리하기 시작하였다. 그때 어떤 자매가 내 옆에 있다가 알아서 척척 보조하여 상당한 도움을 주었다.

그래서 변소 위에 작지만 탄탄하고 강한 닭장까지 짓게 되었다. 홰를 잡고 매달려 보았으나 조금도 움직이지 않았다. 그러자 자매가 나의 기지(機智)를 높이 평가하며 한마디 하였다.

"보세요, 이제 난공불락의 안전한 집이 되었어요. 아무나 할 수 있는 일이 절대 아니에요." (2017. 8. 5)

1414. 붉은 경고

축산 논을 누나에게 넘겨주고 2,800만 원을 받아 카드론, 현금 서비스, 카드 대금 등의 급전을 갚고 나니, 일반 대출 1,500만, 마이너스 대출 1,500만, 담보 대출 3,300만 원을 합쳐 6,300만 원의 빚이 남았다.

지난 2006년 1억 3,000만 원을 갚고, 다시 6,000만 원의 빚을 졌다가 갚은 뒤, 이제 3번째 6,300만 원의 빚을 지게 되었다. 첫째 빚은 국가 변상금으로, 둘째 빚은 교회 개척비로, 셋째 빚은 교회당 공사비로 생겨났다.

이제 나도 우리 나이로 환갑과 진갑이 지났다. 더 이상 빚을 져서는 안 된다는 생각으로 결연한 의지를 다지며 날마다 기도하고 있다.

의사의 장애 진단서와 국제 표준 규격서와 정부의 현황 조사서와 다른 한 문서를 동시에 어느 기계에 끼우자, 내 건강 보험료가 100,130원으로 산출되어 나왔다.

그런데 다른 한 문서는 붉은 경고 외에는 아무것도 기억나지 않았다.

(2017. 8. 14)

1415. 굴뚝

어디를 향해 여행을 계속하고 있었다. 숲과 계곡을 따라 올라가다가 암벽을 타기 시작하였다. 수직에 가까운 절벽이었다. 이상하다 싶었으나 끝까지 기를 쓰고 올라갔다.

그런데 꼭대기에 이르자 네모난 시커먼 구멍이 있었다. 주변을 둘러보니 어느 건물 굴뚝 위에 서 있었다. 너무 허탈하였다. (2017. 8. 21)

1416. 생기나라

주님의 뜻에 따라 개척교회 목회자를 섬긴다는 한의사가 있다는 소식을 듣고 울산에 있는 생기나라를 찾았다. 키와 몸무게, 맥박, 혈압 등은 물론이고, 체온 측정과 몸의 균형까지 이것저것 사진을 찍은 뒤, 닥터 요셉이라는 원장을 면담하였다.

원장실 벽에 국내외 여러 교회의 감사패가 붙어 있었다. 더러는 아는 교회의 패도 있었다. 그러고 보니 내가 사는 영덕에서도 얼마간 머물며 의술을 펼친 적이 있었다. 이어서 틀어진 목을 교정하고 침을 놓고 뜸을 떴다. 오후 2시부터 6시까지 계속 이어졌다.

그때 일반 한의사와 다른 아주 독특한 방법을 사용하였다. 치료를 하다가 멈추고 합심해서 15분간 진지하게 기도하는 것이었다. 의사의 처방보다 더 효과적인 치료는 하나님께 감사하고 하나님을 사랑하는 것이라고 강조하였다. 그리고 마지막으로 이렇게 마무리하였다.

"우리가 하나님을 좋아하는 것은 하나님께서 우리의 중심을 보시기 때문입니다. 모든 것을 합력하여 선을 이루시는 하나님을 찬양합니다."

그리고 두세 차례 더 치료하면서 우리에게 깊은 감명을 주었다. (2017. 8. 31)

1417. 하찮은 사람

새벽녘에 진지한 꿈을 꾸었다. 허름한 상가 귀퉁이에 낡은 책상이 하나 있었다. 심한 우울증과 정신 질환을 앓는 형제가 거기 살았다. 어떻게 도울 방법이 없을까 하고 여기저기 물어보고 살펴보았다.

그런데 알고 보니 그곳은 비가 들고 바람이 쳐서 사람이 살기 힘든 공간이었다. 비를 맞은 책상은 너덜너덜하게 일어나 금방이라도 풀썩 주저앉을 듯하였다. 건물도 철거하든지 새로 짓든지 크게 손볼 수밖에 없었다.

그래서 크게 낙심하고 있었더니 어느 날 큰 홍수가 났다. 그 형제가 반두를 들고 고기를 잡기 시작하였다. 설마 하고 지켜보았더니 반두를 대는 곳마다 고기가 들어갔다.

얼마 후 그가 반두를 펼치는 것을 보니 큼직큼직한 고기가 가득 들어 있었다. 그중에는 1m쯤 되는 대물도 있었다. 그때 마태복음 25장 45절의 말씀이 떠올랐다.

'내가 분명히 말한다. 너희가 이 하찮은 사람 하나에게 하지 않은 것이 곧 내게 하지 않은 것이다.' (2017. 9. 1)

1418. 지네와 모기

큰 지네 5마리를 잡았다. 그런데 이것저것 챙기다 보니 설죽은 지네들이 도망을 쳤다. 겨우 1마리만 따라가 완전히 죽였다. 4마리는 지저분하고 축축한 구석으로 숨어들어 더 이상 보이지 않았다.

어느 날 죽은 지네 같은 것이 방바닥에 꼬꾸라져 있었다. 내가 보고 소리쳤다.

"이게 그 지네 아닌가?"

그러자 나와 함께한 사람이 말했다.

"아니에요, 모기예요."

그러고 보니 큰 모기였다. 어영부영하다가 지네 4마리를 놓친 것이 못내 아쉬웠다. 다시 살아나 무슨 짓을 할지 몰랐기 때문이다. (2017. 9. 7)

1419. 주님의 결재

요즘 이어진 일련의 일들로 마음이 편치를 않았다. 기도하다가 내 입에서 찬양이 흘러나왔다.

주님 뜻대로 살기로 했네. 주님 뜻대로 살기로 했네.
주님 뜻대로 살기로 했네. 뒤돌아서지 않겠네.
세상 등지고 살기로 했네. 세상 등지고 살기로 했네.
세상 등지고 살기로 했네. 뒤돌아서지 않겠네.

며칠 전 내가 가입한 보험 5건을 모두 해약하였다. 그리고 신용카드 3개를 정리하고 체크카드를 쓰려고 하였다. 통장도 정리하려고 하였으나 얽히고설킨 대출금 때문에 어쩔 수가 없었다. 나가는 돈은 많고 들어오는 돈은 적어 빚이 자꾸만 늘어났기 때문이다.

그리고 노트북에 전원이 들어오지 않아 서비스 센터로 보냈더니 수리비가 20만 원 넘게 든다고 하였다. 성질을 내면서 한쪽 구석에 처박아 버렸다.

"아니, 불과 2, 3년 정도 썼을 뿐인데 20만 원이라니? 그렇게 고쳐서 쓸 수는 없소! 또 2, 3년 지나 고장이 나지 않는다는 보장이 어디 있소! 차라리 중고를 사서 쓰는 게 낫겠소!"

그리고 보험 해약 신청서를 팩스로 보내려고 하였더니 복합기가 고장이 났다. 우선 면사무소에 가서 팩스를 보내고 서비스 센터로 들고 갔다. 그런데 5일 만에 연락이 왔다.

"메인 보드가 나갔습니다. 부품을 받아 고친다고 해도 수리비가 많이 들 뿐만 아니라, 얼마 가지 않아 또 고장이 날 것입니다. 새로 구입하시는 편이 낫겠습니다."

그래서 다른 프린터로 주보를 인쇄하려고 하였다. 그런데 컴퓨터가 먹통이었다. 영덕으로 싣고 가서 맡기고 왔다. 연락이 왔다.

"15년도 넘었네요. 이제까지 용케 돌아간 것만 해도 기적입니다. 더 이상 못 씁니다."

부득이 중고 컴퓨터를 10만 원 주고 사 왔다. 교회로 돌아와 설치했더니 잠시 나오다가 또 먹통이 되었다. 오래되기는 했지만 프린트 역시 전원이 껌뻑껌뻑하면서 말을 듣지 않았다. 모조리 뽑아 밖으로 드러내 놓았다. 무엇인지 모르지만 불안감이 밀려왔다.

그리고 보니 중고 컴퓨터를 구입할 때 이상한 전화가 3차례나 왔다. 발신 번호를 보니 '054733XX20'이었다. 그런데 받으니 '뚜' 하고 끊겼다. 그래서 내가 전화를 걸었더니 어디 팩스였다. 궁금했지만 더 이상 확인할

길이 없었다.

그때 돌아보니 중고 컴퓨터 구입을 보류하고 주님의 뜻을 여쭤볼 필요가 있었다. 주님의 돈을 쓸 때는 반드시 주님의 결재를 받아야 함에도 그러지를 못했다.

"오, 주여! 노트북, 복합기, 컴퓨터, 프린트, 새로 구입한 중고 컴퓨터까지, 이 모든 고장의 원인이 어디에 있는지, 저는 모르지만 주님은 아십니다. 여기에도 무엇인가 주님의 뜻하신 바가 있으실 줄 압니다. 저를 일깨워 주십시오.

금쪽같은 주님의 돈을 단 한 푼도 아껴야겠지만, 과도히 아껴도 가난하게 된다는 말씀이 있습니다. 여기서 주님의 지혜가 필요합니다.

종에게 허락하신 주님의 지혜를 십분 발휘하여, 하나님의 계시를 온전히 깨달아 순종할 수 있는 믿음을 주십시오. 혼돈한 이 세상을 살아갈 때 지혜롭게 살도록 도와주십시오."

그리고 고장 난 컴퓨터와 복합기 등을 우선 바깥에 있는 장롱 속에 집어넣었다. 그 장롱도 버리기가 마땅찮아 청소함으로 세워둔 것이었다.

또 전화기와 인터넷, 컴퓨터 등등 그동안 박스 3개에 나눠 담아두었던 전기 코드를 추려서 아래쪽 서랍에 넣고, 언제 다시 쓸지 모르는 크고 작은 부품 등을 골라 위쪽 서랍에 넣었다.

그러자 두 서랍과 이불장이 가득 찼다. 그리고 보니 얼마 전 새벽에 전기선을 골라 서랍에 담는 환상을 보았다. 오늘 아침에 그것이 이루어졌다.

그런데 요즘 가전제품은 왜 그리 고장이 잘 나고, 또 고장이 났다 하면 버려야 하는지 안타깝다. 우리 교회 강단에는 아직도 금성사 선풍기가 있다. 오히려 요즘 선풍기보다 더 튼튼하고 세게 돌아간다.

게다가 폐기한 제품을 어디 마땅히 버릴 곳도 없다. 마대 봉지를 사다가 버려야 하지만 그것도 어딘가 모르게 개운치 않다. (2017. 9. 9)

1420. 인간 동물

어떤 자매를 추행하고 있었다. 자매가 이 핑계 저 핑계를 대며 슬슬 피하였다. 성질이 벌떡 났다. 처음에는 언어로 폭행하다가 나중에는 도구로 괴롭히기 시작하였다.

못이 삐죽삐죽 튀어나온 각목으로 자매의 팔과 다리를 툭툭 쳤다. 점점 세게 때렸다. 그래도 분이 풀리지 않아 막말을 하였다.

"차라리 뒈져버려라!"

"지금요?"

"그래, 이 자리에서 죽어!"

그 말을 하고 돌아서니 인간적으로 너무 불쌍하다는 생각이 들었다. 눈물이 핑 돌았다. 연민의 마음이 한없이 솟아나왔다. 그럼에도 여전히 분노는 가시지 않았다.

'아, 아직도 내 속에 호모 에렉투스가 들어 있구나. 호모 사피엔스도 같이 존재하구나. 그런데 내 주 예수 그리스도께서 지켜보고 계시는구나.

오, 나는 정말 곤고한 자로다. 초대 교회 신학자 오리게네스(Oregenes, 185~254)처럼 섹스리스를 미덕으로 여기며 살다가 갑자기 성추행자가 되는가 하면, 영성적 그리스도인으로 살다가 갑자기 감정적 인간종이 되는구나!'

그때 지난주 선포한 설교가 민망스럽게 다가왔다.

'육신적 인간이 아니라 이성적 사람이, 이성적 사람보다 영성적 그리스 도인이 되어야 합니다. 그래야 우리 주 예수 그리스도의 빛을 비추고 향 기를 발할 수 있습니다!'

"세상에 이런 위선자가 또 어디 있겠는가? 내가 누구를 나무란다고? 내가 그들의 입장에 있다면 더하면 더했지 덜하진 않을 거야! 다시 멸종 할 네안데르탈인 같으니!" (2017. 9. 17. 주일)

1421. 낙상

9월 18일 새벽 4시, 모기 한 마리가 귓가에서 앵앵거렸다. 모기가 나 타나는 날이면 어깨나 다리 등 너덧 군데는 물리기 일쑤였다. 이제까지 의 경험을 통해 그 사실을 잘 알고 있었다.

일어나 씻고 새벽기도를 드릴 시간이었다. 그런데 이날따라 무척 피곤 하였다. 비몽사몽 중에 실리콘을 찾아 다리에 끼웠다. 바로 그때였다.

"쿵!"

"어이쿠!"

순간 절단된 다리를 움켜잡았다. 엄청 저리고 아팠다. 속이 매스꺼워 뒤 로 벌렁 자빠졌다. 어두컴컴한 가운데 다리를 잡고 통증을 호소하였다.

끈적끈적한 액체가 손에 잡혔다. 절단 부위 바로 옆에서 피가 솟구치 고 있었다. 가로 180cm, 세로 90cm, 높이 100cm쯤 되는 선반을 침대 로 사용하고 있었다. 거기서 미끄러져 떨어졌던 것이다. 어떻게 다쳤는지 알 수도 없었다. 정말 어이가 없었다.

다행히 길게 찢어지지 않고 콕 찍혀서 구멍이 뿡 뚫어져 있었다. 열십자 모양으로 반창고를 2개 붙이고 고무줄 붕대를 탱탱 감아 날이 새기를 기다렸다.

그리고 아침에 병원으로 갔다. 계속 피가 솟아났다. 엑스레이를 찍은 뒤 봉합 수술을 마쳤다. 절단된 부위가 시커멓게 멍이 들었고, 그 바로 옆이 1cm가량 움푹 패 있었다. 의사가 말하였다.

"예리한 칼이나 유리 같은 것에 베였으면 쉽게 아물지만, 낙상하여 살이 짓뭉개진 상태라 오래갈 수 있습니다. 더구나 절단된 부위라 혈액 순환이 잘되지 않습니다. 2주 정도 치료받고 실밥 뽑을 것입니다."

우리 교회당은 냉동 창고를 개조하여 만들었다. 뒤쪽 구석에 쇠파이프로 만든 3층짜리 선반이 있다. 그 첫 칸이 내가 사용하는 침대였다. 어쩐 일인지 거기서 낙상했다. 집으로 돌아오면서 만감이 교차하였다.

'아, 그러고 보니 노인들이 이렇게 해서 갑자기 돌아가시는구나. 나도 벌써 늙었다는 증거야. 아버지가 치매로 요양병원에 계시고, 어머니는 8년째 파킨슨병을 앓고 계시지 않은가?

그런데 나까지 낙상을 하다니. 세상은 정말 무심하기 짝이 없구나. 아버지와 어머니를 돌볼 책임이 내게 있잖은가? 나까지 이런 일을 당하다니.

하나님은 정말 알다가도 모르실 분이야. 사실 하나님은 아무도 알 수가 없지. 우리가 하나님을 안다면 그 하나님은 이미 하나님이 아닐 것이고, 우리가 아는 하나님이 하나님이라면 우리가 바로 하나님일 게야.

그러고 보니 그렇군. 그런 일은 결코 있을 수 없지. 그러니 이제 어쩌겠는가? 예수님만 바라보고 성령님을 의지하며 더욱 하나님을 믿을 수

밖에.' (2017. 9. 21)

1422. 아버지 치매

아버지의 치매 등급을 받기 위해 요양병원을 찾았다. 피골이 상접한 아버지가 너무 불쌍하였다. 홀로 휠체어도 타지 못하였다. 침대에서 일어나기도 버거웠다. 명절이 코앞으로 다가왔지만, 추석이 뭔지도 몰랐다.

"큰일이다, 큰일. 정말 낭패야! 빨리 죽어야 하는데, 어디 아픈 곳이 있어야 죽지. 쉽게 죽지도 않아. 산 것도 아니고 죽은 것도 아니고. 이제 돈만 들어가게 되었으니, 이 일을 어쩌면 좋으냐?"

"걱정하지 마세요. 오늘 등급 신청해서 나오면 의료원으로 옮겨드릴 테니."

"의료원은 좀 싸지?"

"반값이면 돼요."

사실 쉬운 말로 의료원이라 하였다. 평소 아버지가 요양원으로 가기 싫어했던바, 그곳으로 모신다는 말을 차마 할 수가 없었다.

아버지를 보면 볼수록 너무 불쌍하였다. 눈물이 글썽거려 차마 쳐다볼 수가 없었다. 녹내장으로 시뻘건 눈알만 멀뚱거렸다. 한쪽 눈은 전혀 보이지 않는다고 하였다. 멀쩡한 사람이 무릎 관절 수술하고 저렇게 되었으니 정말 안타까웠다.

이제 병원 생활도 1년이 되었다. 3번에 걸친 수술과 눈, 심장, 신장, 당뇨, 변비, 치매 등으로 극도로 쇠약해졌다. 살은 다 빠지고 뼈만 간신히 껍질이 둘러싸고 있다. 심장판막증으로 그런지 순간순간 가슴이 벌떡벌떡거렸다.

영락없는 옛적의 할아버지 모습이었다. 할아버지는 물론이고, 친척 아저씨도 그랬고, 큰집 형님도 그렇게 지내다가 돌아가셨다. 이제 아버지가 그 뒤를 잇고 있다. 다음은 내 차례가 될 수도 있을 것이다. (2017. 9. 26)

- 이어서 『예스 10, 별들의 고향』이 계속됩니다. -

가

1316. 가오리 낚시 1363. 간증 집회 1256. 갈잎의 노래 1358. 강제 조약 1407. 거룩한 기운 1352. 거룩한 친구 1372. 거리 전도 1259. 거지 가족 1274. 건강한 모 1295. 겸손한 신앙 1356. 겹경사 1257. 고마운 친구 1296. 과제 정리 1360. 교회당 공사 1327. 교회당 수리 1387. 구원의 부표 1393. 구주의 신용 1415. 굴뚝 1261. 귀신의 변신 1337. 그릇 비우기 1322. 기억의 정화 1384. 길가 화재 1362. 까만 곤충 1371. 꼼수의 함정 1378. 꿈과 생시

나

1421. 낙상 1412. 노란 병아리 1307. 노인과 바다 1400. 노환의 손님 1366. 눈물 기도

다

1299. 담대해라 1315. 돌아온 탕아 1389. 동녘 광명 1297. 들쟁이

라

1340. 루비콘 강

마

1379. 마늘 촉 1335. 마음의 아픔 1339. 마음의 저울 1271. 만나의 은혜 1286. 만능 클리닉 1319. 망각의 계절 1332. 망각의 시간 1264. 모험의 학교 1349. 목자의 목자 1405. 목회자 덕목 1382. 물웅덩이 1269. 미련퉁이 1370. 믿음의 담력

바

1376. 바른 은혜 1304. 바보의 기쁨 1317. 백마와 쥐새끼 1374. 뱀과 닭 1273. 뱀과 애착 1276. 베짱이 1353. 변호인 1277. 병행 사용 1406. 보도블록 1397. 봉숭아 연정 1344. 부경과 감자 1326. 부정 위원회 1348. 부킹 페이퍼 1290. 부활의 가족 1283. 북극성 좌표 1414. 붉은 경고 1402. 비정한 세상 1385. 비행접시 1263. 빠삐용 1410. 뿌리와 가지

사

1334. 사나운 물결 1357. 사랑의 빛 1395. 사형수 심정 1289. 사회적 영성 1396. 살인자 증거 1394. 상처받은 닭 1416. 생기나라 1341. 생명의 소리 1329. 생의 이파리 1328. 서번트 증후군 1285. 세 여자 1287. 세월의 흔적 1313. 선교회 스태프 1345. 성모 마리아 1253. 쇠줄 사다리 1282. 수도관 보도 1377. 수직 계단 1255. 순례자의 길 1386. 순이 1284. 숨은 누수 1347. 숫자의 의미 1301. 슈퍼 스튜핏 1338. 스케치 그림 1361. 스트레스 1350. 신성과 영화 1280. 실수와 불평 1302. 스와니 강물 1380. 싸리나무 1267. 씁쓸한 여운

아

1409. 아궁이 불 1325. 아들의 짐 1346. 아버지 상처 1422. 아버지 치매 1278. 악마의 천사 1413. 안전한 집 1309. 야생화 일상 1294. 양심의 법 1254. 양심의 소리 1260. 어지럼증 1306. 억척녀 1318. 얼굴 없는 괴물 1292. 업무 보고 1403. 연민의 정 1320. 연민의 함정 1258. 영적 살인자 1321. 영적 신경증 1288. 오늘과 내일 1399. 오만한 바람 1388. 옷매무시 1408. 외톨이 신발 1268. 용서의 복수 1359. 우물 낚시 1333. 위험한 낚시 1303. 위험한 여정 1310. 유토피아 1411. 음독 사건 1281. 이혼자 신발 1266. 익일 우편물 1420. 인간 동물 1392. 인생무상 1355. 인술

자

1383. 자유 시간 1331. 작은 자 1324. 잔치와 자선 1312. 잦은 건망증 1369. 재주와 용모 1279. 정체성 혼란 1391. 정치 집착 1330. 제단의 제물 1401. 종합 병원 1419. 주님의 결재 1323. 주님의 선물 1390. 중고차 1418. 지네와 모기 1336. 지워진 이름 1373. 진실과 진리 1381. 찜찜한 샘물

차

1314. 최고의 영성 1262. 친구의 유혹 1270. 침체의 늪

카

1300. 코리언 카우 1343. 키메라 냉이

타

1293. 탈리타 쿰 1398. 태산과 거목 1364. 투명 인간 1298. 트러블 1291. 티티 크리스천

파

1375. 파랑새 1311. 파리 떼 교훈 1272. 평생교육원 1365. 포주와 친구

하

1342. 하늘 여행 1417. 하찮은 사람 1252. 행복 스위치 1308. 허상의 숲 1351. 헐크 1275. 호모 사피엔스 1404. 황금계 1305. 휘게 라이프 1367. 휴대폰 1265. 훈터의 예술 1354. 흐르는 세월 1368. 희귀한 뱀

메스 1,

휴먼 드라마

제1편 **인간 이야기**

001. 뿌리 *002.* 할아버지 *003.* 할머니 *004.* 외조부모 *005.* 아버지 *006.* 어머니 *007.* 유아기 *008.* 아동기 *009.* 사고 *010.* 장애 *011.* 농아 *012.* 머슴 *013.* 별명

제2편 **모정의 세월**

014. 동생 *015.* 주초 *016.* 징조 *017.* 빚 *018.* 일터 *019.* 시름 *020.* 인 치심 *021.* 소금언약 *022.* 아기사자 *023.* 주의 길 *024.* 가훈

제3편 **숙고의 시간**

025. 길 *026.* 기적 *027.* 구제 *028.* 그릇 *029.* 하루 *030.* 오늘 *031.* 가시 *032.* 자식 *033.* 회개 *034.* 천벌 *035.* 중보기도 *036.* 도움

제4편 **애증의 물결**

037. 메신저 *038.* 이별 *039.* 바람 *040.* 눈물 *041.* 고독 *042.* 갈등
043. 상처 *044.* 위로 *045.* 비련 *046.* 각오 *047.* 세례 *048.* 천국

제5편 **무지개 은혜**

049. 뱀 *050.* 미꾸라지 *051.* 온천수 *052.* 화물차 *053.* 핏자국 *054.* 뚱보
055. 유혹 *056.* 교회 *057.* 국수 *058.* 미션 *059.* 동해안 *060.* 아침 햇살
061. 선물 *062.* 메기 *063.* 소 *064.* 개관식 *065.* 속삭임 *066.* 성금 *067.* 부
엉이 *068.* 감자 *069.* 믿음의 가게 *070.* 의사당 *071.* 돼지감자 *072.* 자매
073. 파키라 *074.* 무지개 *075.* 맹독나무 *076.* 마무리 *077.* 채소 *078.* 가족
079. 거북이 *080.* 백지 *081.* 원고 *082.* 바위산 *083.* 감 *084.* 번호표 *085.*
황금 *086.* 창문 *087.* 재판장 *088.* 친구 *089.* 아들 *090.* 인사(人士) *091.* 잠
092. 상(賞) *093.* 담임 *094.* 문패 *095.* 복지카드 *096.* 해와 달 *097.* 오리발
098. 포도 *099.* 오물 *100.* 자금 *101.* 건물 *102.* 산행 *103.* 짝 *104.* 버스
105. 돈 *106.* 종 *107.* 게 *108.* 짐 *109.* 머리 *110.* 태양 *111.* 빈털터리 *112.*
독거미 *113.* 주님의 손 *114.* 눈치 *115.* 용돈

예스 2,

소망의 불씨

제6편 새로운 시작

116. 여호와 117. 모진 아이 118. 상급자 119. 담근 술 120. 부자(富者) 121. 계모 122. 모자(母子) 123. 나무늘보 124. 아이 125. 흰옷 126. 여관 127. 오리 128. 충주 129. 집 130. 이름 131. 아파트 132. 불용품 133. 진짜와 가짜 134. 은혜와 진리 135. 자매와 담배 136. 십자가 피 137. 못난 짐승 138. 예배당 139. 부담 140. 물줄기 141. 귀신 142. 응원가 143. 한눈 144. 기도의 힘 145. 피난처 146. 직장 147. 가게 148. 처녀 149. 새순 150. 비둘기 151. 치유 152. 야영 153. 차(車) 154. 우편물 155. 송충이 156. 빵과 우유 157. 닭 158. 일자리 159. 미역국 160. 명단 161. 오케스트라 162. 상(床) 163. 골방 164. 샘 165. 큰 구멍

제7편 **죄인의 초대**

166. 솔로 167. 쓰레기 168. 똥구멍 169. 조묘 170. 송구영신 171. 이정표 172. 우리 집 173. 평화 174. 회복 175. 동산 176. 불안정 177. 죽음 178. 전도 179. 가재 180. 잔치국수 181. 과속 182. 동사리 183. 손 184. 악수 185. 의무병 186. 토지 187. 종자 188. 이랑 189. 거미 190. 사업 191. 이사 192. 통나무 193. 보따리 194. 마른 나무 195. 막대기 196. 두 청년 197. 구렁텅이 198. 마른 뼈 199. 안락사 200. 행복 201. 땅 202. 방해 203. 나라 204. 장교 205. 보호막 206. 초상집 207. 가시넝쿨 208. 전송 209. 매미 소리 210. 팀원 211. 기적(1) 212. 손수레 213. 회장 214. 피눈물 215. 깁스 216. 쌀밥 217. 교회당

제8편 **소망의 불씨**

218. 찬양 219. 전리품 220. 대통령 221. 무대 222. 녹음 223. 불씨 224. 모포 225. 헬기 226. 열차 227. 변소 228. 비서 229. 응답 230. 저주 231. 성경교사 232. 기도의 어머니 233. 용기 234. 부통령 235. 노란 나무 236. 청소 237. 정의 238. 사탄 239. 땅과 떡 240. 폐인 241. 감사(監査) 242. 상처 투성이 243. 가시(1) 244. 하수구 245. 풋고추 246. 난맥상 247. 고스톱 248. 행운권 249. 지붕 250. 아들(1) 251. 승자 252. 정액 수표 253. 시합 254. 난쟁이 255. 개미 256. 진돗개 257. 성경책 258. 다리 259. 도망자 260. 트랙터 261. 장미꽃 262. 생식기 263. 일기 264. 죄 265. 돌산 266. 냉담 267. 곡조

제9편 쇠잔한 영혼

268. 학점 269. 강등 270. 짐승 271. 장의사 272. 통근 버스 273. 물고기 274. 불덩이 275. 행정관 276. 세일즈맨 277. 모금 278. 앞선 여자 279. 정보회사 280. 보리밭 281. 넝쿨 282. 연회 283. 송아지 284. 낚시 285. 새 직장 286. 정읍 야산 287. 토목 공사 288. 넓은 길 289. 집사 290. 여행 291. 승진 292. 땅장사 293. 아우라 294. 자유 295. 평화(1) 296. 속임수 297. 쿠폰 298. 군용트럭 299. 상가 지하 교회 300. 임차 교회 301. 무기력 302. 술

제10편 절망을 딛고

303. 무능력 304. 오염 305. 친구(1) 306. 비정 307. 계산서 308. 묘지 309. 본가 310. 화 311. 산 312. 예배 313. 답사 314. 뱀 요리 315. 관문 316. 족제비 317. 규칙 318. 노바의 집 319. 상가 320. 무덤 321. 누룽지

예스 3,

밀알의 소명

제11편 끝없는 시련

322. 피로 323. 좋은 길 324. 남쪽 길 325. 돌산 길 326. 결산서 327. 무지
328. 놋바다 329. 고택 330. 병자 331. 고구마 332. 노예 333. 피부병 334.
자아 335. 섬 336. 낙원 337. 새끼줄 338. 큰 성공 339. 구멍 340. 낙타
341. 수표 342. 사진 343. 사무실 344. 놀이 345. 음녀 346. 결산 347. 시
근소 348. 신발 349. 기도의 말 350. 임야 351. 신랑 352. 사회 353. 자리
354. 일거리

제12편 길은 어디에

355. 황야 356. 옥돌 357. 약 358. 길(1) 359. 개구리 360. 달리기 361. 선
풍기 362. 열쇠 363. 아가원 364. 개미지옥 365. 응시원서 366. 훼방꾼
367. 일 368. 인생 369. 부인(否認) 370. 무시 371. 화재 372. 험산 373. 연
민 374. 짐(1) 375. 고집 376. 안정 377. 고스톱(1) 378. 진통제 379. 상갓집
380. 직무 381. 성곽 382. 황수인 383. 노란 싹 384. 정호실 385. 불알친
구 386. 나무와 풀 387. 출구 388. 멍에 389. 문젯거리 390. 꿈은 여기에
391. 밀알

제13편 **도피성 예수**

392. 새해 393. 불빛 394. 울타리 395. 화해 396. 물기 397. 통근차
398. 비행기 나라 399. 열린 예배 400. 논쟁 401. 조언 402. 새벽 403.
심방 404. 방아깨비 405. 잔돈 406. 참모총장 407. 서원 408. 그리스
도 409. 의자 410. 설거지 411. 티켓 412. 태풍 413. 몸살감기 414. 용
기의 병 415. 용한 돌 416. 천만다행 417. 망종 죄인 418. 오소리 419.
지천명 420. 삼불 삭제 421. 잔반 422. 빛의 노예 423. 특별한 목적
424. 복조리와 소쿠리 425. 회충 426. 기와집 427. 선입관 428. 기도와
응답 429. 구원 버스 430. 인도자

제14편 **밀알의 소명**

431. 삼중 수술 432. 회계 433. 죽을 길 434. 난제 435. 우울증 436.
부활절 437. 큰아버지 438. 고목 439. 현자 방식 440. 최상 섭리 441.
바른 방식 442. 소명 443. 큰소리 444. 울음 445. 편입학 446. 자전거
447. 자격시험 448. 계약 449. 때 450. 포기 451. 똥구덩이 452. 허탄
한 믿음 453. 신용카드 454. 신경성 골절 455. 종점

제15편 눈물의 기도

456. 풍력계 457. 새 물길 458. 철가면 459. 벼 460. 주의 사자 461. 연체 동물 462. 빚짐 463. 과제물 464. 표지판 465. 마지막 승차 466. 복 467. 정원 468. 감사(感謝) 469. 도라지꽃 470. 유골 471. 준비 472. 과제 473. 차(1) 474. 알람 475. 권력자 476. 친구(2) 477. 주홍 글씨 478. 새 물 479. 주제 발표 480. 오리 새끼 481. 전도사 482. 축복 483. 연기 기둥 484. 방 해공작 485. 그리스도인 486. 둥근 달 487. 환승 488. 언약 489. 개밥 490. 개인회생 491. 선한 목자 492. 경비원 493. 조명 494. 황금 구원 495. 희망의 나래 496. 산장 497. 윷놀이 498. 스킨십 499. 거스름돈 500. 회 개 공부 501. 승리의 노래

예슨 4,

희망의 나래

제16편 **흙탕물 정화**

502. 해맑은 마음 503. 새로운 40일 504. 주님의 평화 505. 십의 삼조 506. 불길 507. 감독 508. 분노 509. 깨달음 510. 성전 511. 관광길 512. 동역자 513. 동녀 514. 대머리 515. 새댁 516. 붉은 기운 517. 가증 518. 작정헌금 519. 삼중고 520. 분리된 구슬 521. 네가 누구냐 522. 상담 공부 523. 교단 524. 새벽예배 525. 천사표 526. 흰 종이 527. 온천욕 528. 주의 계획 529. 메시지 530. 장기 수술 531. 큰 뱀 532. 청구서 533. 임도 534. 지혜로운 사람 535. 청소(1) 536. 정산

제17편 **희망의 나래**

537. 성령 충만 538. 교회 정비 539. 잔치 540. 지우개 541. 가오리 542. 그루터기 543. 예수 이야기 544. 바다 생물 545. 준수한 사람 546. 장애물 547. 물고기(1) 548. 코끼리 신부 549. 복음의 찌개 550. 삼위일체 551. 윤택한 기운 552. 증거 553. 녹색 나물 554. 소금 나라 555. 낮은 포복 556. 전도자 557. 축구 주심 558. 교회 설립 559. 예수전 560. 토끼와 고양이 561. 옹벽 난간 562. 겉옷과 속옷 563. 교회와 자매 564. 작은 생명체 565. 인생 드라마 566. 위대한 인생

제18편 **바람의 언덕**

567. 새해 감사 *568.* 승부의 세계 *569.* 불가사리와 뱀 *570.* 찬양 표지 판 *571.* 초콜릿 케이크 *572.* 신선한 사랑 *573.* 코끼리 *574.* 구두와 운동화 *575.* 달력의 글씨 *576.* 에벤에셀 하나님 *577.* 공동체 이름 *578.* 동행 동역 *579.* 봉고차 전도 *580.* 가족 전도 *581.* 새 마음 운동 *582.* 바람의 언덕 *583.* 준비기도 *584.* 사역 준비 *585.* 하나님의 꿈 *586.* 영원한 빛 *587.* 벧세메스 소 *588.* 벧세메스 사명 *589.* 서류철 보관 *590.* 책상 배치 *591.* 책과 저울 *592.* 석상의 요동 *593.* 사형 선고 *594.* 일병일어 *595.* 금식기도 *596.* 감사와 보람 *597.* 축제의 장 *598.* 아말렉 족속 *599.* 거짓말쟁이 *600.* 복주기 전집 *601.* 400m 계주 *602.* 3% 성공 *603.* 골방 빨래 *604.* 심신 피곤 *605.* 인수 분해 *606.* 공생애 시작

제19편 **시련의 축제**

607. 첫 번째 주일 *608.* 고양이 눈 *609.* 생각하는 사람 *610.* 나 홀로 예배 *611.* 본당 예배 *612.* 경제적 후견인 *613.* 오토바이 사고 *614.* 피장파장 *615.* 우물가 괴물 *616.* 몽당연필 *617.* 칭찬과 격려 *618.* 비명소리 *619.* 망하는 축복 *620.* 감사 메일 *621.* 감사기도 *622.* 손수레 짐 *623.* 고난의 징조 *624.* 하늘 정원 *625.* 용기 뚜껑 *626.* 8월의 함 *627.* 따뜻한 봄 길 *628.* 길거리 전도 *629.* 성찬식 거행 *630.* 지옥의 못 *631.* 아들의 병치레 *632.* 교역자 몽니 *633.* 작은 새 *634.* 하나님의 백 *635.* 밥상 공동체 *636.* 3차

노방전도 637. 중심 발전기 638. 농아인 자매 639. 먹는 금식 640. 뒤틀린 축제 641. 창립예배 642. 억지 예배 643. 빗나간 열정 644. 격려 메일 645. 영원한 약속 646. 11명 예배 647. 어버이날 648. 철야기도 649. 강단기도 650. 패닉 상태 651. 갈수록 태산 652. 내리사랑 653. 새벽기도 654. 찻집 전도 655. 주의 도구 656. 할아버지 부축 657. 벌거숭이 658. 부목사 659. 젊은 부부 660. 수레바퀴

제20편 **사랑과 용서**

661. 오직 主 예수 662. 가족 예배 663. 찢어진 이불 664. 첨단 마우스 665. 생토볼 666. 바벨탑 사건 667. 큰 촛불 668. 천국 칠언 669. 검은 돌 670. 3대 비전 671. 소심한 갈등 672. 작은 배 673. 여사무원 674. 소중한 도구 675. 앙코르 676. 콘크리트 구멍 677. 믿음의 용사 678. 강단 애곡 679. 상주 680. 기다림 681. 3가지 환상 682. 노인 복지 683. 어찌해야 684. 책을 먹어라 685. 새 교회 686. 거인 687. 몹쓸 병 688. 나그네 689. 부드러운 가시 690. 산초 가시 691. 여호와의 산 692. 흰옷 입은 분 693. 설교 원고 694. 불쌍한 아이 695. 목적 기도 696. 방해 세력 697. 불길한 예감 698. 갈급한 심령 699. 붉은 물 700. 죄 짐 보따리 701. 애기 토마토 702. 속옷 703. 문 지킴이 704. 예수의 보혈 705. 십자가 구원 706. 인삼과 무 707. 교육 목회 708. 열대야 709. 고기잡이 710. 광명한 빛 711. 평가 결과 712. 부부싸움 713. 축사기도 714. 천국의 꽃 715. 주님의 뜻 716. 이상한 징조 717. 사면초가 718. 주님의 저울 719. 사랑의 심판 720. 회개기도 721. 용서의 미학

베드 5,

광야의 단비

제21편 갈급한 심령

722. 황금 들판 723. 묵은 밭 724. 소라 725. 위로(1) 726. 예수원 727. 성경 가방 728. 연한 풀 729. 의자(1) 730. 자투리땅 731. 차(2) 732. 목적지 733. 한(恨) 734. 가금류 735. 지도자 736. 가운 737. 빵 738. 시유지 739. 밤 740. 곱살 741. 원수 742. 군고구마 743. 세탁물 744. 청운의 꿈 745. 폭풍우 746. 손(1) 747. 계약(1) 748. 종(鐘) 749. 승부수 750. 계시

제22편 요한의 노래

751. 역사(役事) 752. 로고 753. 쌀밥과 쌀떡 754. 연체 755. 복 줄 나무 756. 기운 757. 개나리 758. 뿔 759. 통장 760. 새 살 761. 해고 762. 정의 도래 763. 설교자 764. 잠바 765. 수문 766. 웅대한 봉 767. 재테크 768. 혼란 769. 광야의 싹 770. 찬송가 연주 771. 성탄절 772. 출입사무소 773. 검정고무신 774. 요한의 노래 775. 성령의 단비

제23편 반석을 위해

776. 새 나라 777. 위기와 기회 778. 교단과 직분 779. 황소 780. 종이학 781. 건축공사 782. 백의천사 783. 전산입력 784. 캥거루 아가씨 785. 개명 786. 의지와 오만 787. 주님의 마음 788. 복음 전파 789. 세 얼굴 790. 스토커 791. 순례자 792. 불안과 초조 793. 우주 30 794. 자매의 서류 795. 옛날 생활 796. 출판사 797. 돈벌레 798. 하늘의 보물 799. 주님의 일꾼 800. 주의 이름 801. 형제의 기도 802. 깊은 발자국 803. 반석을 위해 804. 엄청난 시련

제24편 맘몬의 노예

805. 하나의 목표 806. 시험하는 자 807. 아버지의 기도 808. 기막힌 연기 809. 천상의 음악 810. 생각의 함정 811. 선조의 무덤 812. 안성맞춤 813. 엘리베이터 814. 외침과 해방 815. 오직 믿음 816. 기도대장 817. 흉측한 아이 818. 병든 돈 819. 하나님의 나라 820. 항상 섭리 821. 마귀의 덫 822. 입구와 출구 823. 맘몬의 노예 824. 거듭난 새것 825. 맘몬의 우상 826. 쓰디쓴 잔 827. 불행의 근원

제25편 광야의 단비

828. 그래프 829. 선인장 꽃 830. 산모의 산고 831. 안개 은혜 832. 산뜻한 날씨 833. 머플러 834. 하늘만 우러러 835. 삶과 죽음 836. 마지막 펀치 837. 고난의 잔 838. 용기가 필요해 839. 성화 도래 840. 광야의 단비 841. 블랙홀 842. 까치의 소식 843. 최고 경영자 844. 내기 골프 845. 빈 잔의 생수 846. 고독한 믿음 847. 규율반장 848. 승리의 빛 849. 눈물의 씨앗 850. 자승자박 851. 무심한 세월 852. 직분과 신분 853. 양보의 영성 854. 세상 속으로 855. 보험사 이벤트 856. 세상의 법 857. 미련한 신자 858. 조촐한 다과회

파트 6,

영성의 바다

제26편 **반잔의 생수**

859. 위로와 질책 860. 선결 과제 861. 리얼 케어 862. 안전한 평화 863. 가스 설비 864. 임시 구조물 865. 여종의 객기 866. 고향 집 867. 함석집 868. 조 밭 869. 물까마귀 870. 작은 불씨 871. 빈집 872. 사랑에 속고 873. 생활 습관 874. 흔적 875. 울진 876. 농부 877. 첫 손님 878. 힘든 시간 879. 조은 소식 880. 경운기 사고

제27편 **연민의 강물**

881. 가건물 882. 배설물 883. 작은 집 884. 상처 딱지 885. 복직 886. 비석 887. 빈 잔의 소명 888. 고향 방문 889. 용서의 묘약 890. 큰 바위 891. 추수 892. 장기 우환 893. 정금 임무 894. 진급 895. 밝은 본보기 896. 참 마무리 897. 사랑의 복음 898. 동굴 속에서 899. 오두막 교회 900. 자갈밭 901. 엑스트라 902. 거룩한 머리 903. 작은 땅 904. 어려움 제로 905. 최선의 기력 906. 점진적 열정

제28편 **지혜의 향기**

907. 아버지와 아들 908. 감사 샘물 909. 신명기 910. 이물질 911. 하나의 옥상 912. 정보 창구 913. 레비아탄 914. 맑은 물 915. 신유 916. 작은 조각 917. 탈레반 918. 비통한 일 919. 가정불화 920. 옥수수 921. 감자(1) 922. 이익 도래 923. 괜찮아 924. 돌산과 초원 925. 큰 숲 맑은 샘 926. 의와 진리 927. 웃음꽃 928. 기량과 피치 929. 주님의 사랑 930. 인지 장애 931. 넷째 지위 932. 귀신들의 시기 933. 아들과 아비 934. 여운의 울림 935. 잿빛의 시간 936. 새순의 둑

제29편 **은혜 나누기**

937. 학점 은행제 938. 맘몬의 영 939. 간이 휴게소 940. 초원의 집 941. 옥토 밭 942. 세월의 바람 943. 파워 바둑 944. 형통 도래 945. 조리 슬리퍼 946. 수어지교 947. 선택의 기로 948. 돌아온 빛 949. 산마을 950. 순례의 길 951. 반액 스티커 952. 실파 953. 직불 카드 954. 자라 955. 먼저 공경 956. 전갈 957. 항아리 958. 쇳조각 959. 책값 960. 아디아포라 961. 양주 962. 채소밭 963. 전략가 964. 한판 전쟁 965. 약국 966. 좋은 동행자 967. 까치집

제30편 비움의 영성

968. 영감의 원천 969. 행운의 여인 970. 고독한 시간 971. 신천옹 972. 고사 973. 코람데오 신앙 974. 영혼의 소리 975. 무료한 시간 976. 맨발의 청춘 977. 하리정 978. 죽은피 979. 장림산 980. 맞지 않아요! 981. 상전벽해 982. 마음속 지옥 983. 씻음의 영성 984. 어린 꿀벌 985. 어린 아들 986. 바른 규정 987. 노화 현상 988. 붉은 죽 989. 신정현 990. 시간의 역사 991. 작은 발걸음 992. 마음의 풍랑 993. 한 줌의 바람 994. 천국의 계단 995. 기도의 영성 996. 어부사 997. 신비한 복원 998. 마음의 소리 999. 비움의 지혜

메드 7,

자유의 다리

제31편 **고요한 바다**

1000. 알찬성경 1001. 창문 밖 소리 1002. 옥수수 사건 1003. 기도와 찬양
1004. 이사(1) 1005. 사역 시침질 1006. 태극기 1007. 열기구 1008. 애증의
물결 1009. 나눔의 향기 1010. 마음을 찢고 1011. 큰아들 1012. 사랑하느
냐 1013. 영화의 도구 1014. 감사헌금

제32편 **사랑의 온도**

1015. 불로, 불로, 불로 1016. 소울메이트 1017. 새 출발 1018. 단지 뚜
껑 1019. 행복 나누기 1020. 시간 도둑 1021. 선택의 역설 1022. 멘토
의 사랑 1023. 꿈속의 찬양 1024. 상처받은 개 1025. 돌부리 발부리
1026. 슬픔의 동지 1027. 생각의 잡초 1028. 순한 닭 1029. 사람의 향
기 1030. 목장갑 1031. 인생 교차로 1032. 새로운 역사

제33편 인생 조각보

1033. 터닝 포인트   1034. 참깨   1035. 미림과 혜림   1036. 희망의 씨앗   1037. 바람 한 조각   1038. 교회 직인   1039. 천의 얼굴   1040. 나드! 나드! 나드!   1041. 복수불반분   1042. 영혼의 상처   1043. 삼무가배   1044. 황촛집   1045. 얼룩진 평화   1046. 통나무 짐   1047. 인생 체크기   1048. 귓속 환약   1049. 새로운 만남   1050. 섬김의 도구

제34편 자유의 함성

1051. 말 못 할 사정   1052. 거미와 모기   1053. 작은 예수   1054. 믿음의 경주   1055. 지혜의 등불   1056. 안경   1057. 앰프   1058. 주사   1059. 타이어   1060. 점심   1061. 지네   1062. 신발(1)   1063. 사랑   1064. 기생물   1065. 시트콤 인생   1066. 바람결 소리   1067. 도우미   1068. 욕심   1069. 산길   1070. 운전사   1071. 지팡이   1072. 형광펜   1073. 시즌   1074. 열정 에너지   1075. 거룩한 힐러   1076. 성공의 비결   1077. 춘래불사춘   1078. 가파른 계단   1079. 영혼의 정원   1080. 인생 건축가   1081. 새 판   1082. 위험한 우물

제35편 그리움 그림

1083. 십자가 길 1084. 제삼지대 1085. 맞춰진 창문 1086. 협동이발관 1087. 동전 따먹기 1088. 오, 주여! 1089. 예수처럼 1090. 부족 예산 1091. 같이의 가치 1092. 일석삼조 1093. 학문 성취 1094. 조랑말 1095. 슬럼프 선물 1096. 대기만성 1097. 믿음의 근력 1098. 기다림 기림 1099. 인생 바느질 1100. 그리움 그림 1101. 돼지 가족 1102. 회복의 시간 1103. 하모니 인생 1104. 믿음을 넘어 1105. 이정수와 공명석 1106. 사명자의 길 1107. 돌담의 지혜 1108. 백 년의 향기 1109. 모모의 시간 1110. 직관의 영성

예스 8,

평화의 노래

제36편 갈 길 멀어도

1111. 길은 멀어도 1112. 회복 탄력성 1113. 성품 담금질 1114. 인생 환승역 1115. 불만의 먼지 1116. 이상과 현실 1117. 종교 약장수 1118. 감사 교향곡 1119. 명절 증후군 1120. 호기와 용기 1121. 독립 계획서 1122. 장애와 질병 1123. 침묵의 혈투 1124. 탄식의 다리 1125. 존재의 이유 1126. 우연과 필연 1127. 주님 따르미 1128. 너울성 파도 1129. 허리를 펴야

제37편 세월의 강물

1130. 죽지 않은 죄 1131. 믿음의 장애 1132. 모세의 기적 1133. 카사노바 죄 1134. 트리오 친구 1135. 조금 늦어도 1136. 진심으로 1137. 인자하심이 1138. 하나님 사랑 1139. 잠재적 우물 1140. 산 자의 특권 1141. 알아차리기 1142. 쥐새끼 교훈 1143. 신비한 손길 1144. 최후의 보루 1145. 맡김 사무실 1146. 산들바람 1147. 큰 달걀 1148. 알곡 신자 1149. 손톱과 전기톱 1150. 부모와 자녀 1151. 지인과 지음 1152. 꿀과 실과 토끼 1153. 오직 그만 있다 1154. 주님의 선 1155. 노틀과 아이 1156. 성모 석고상 1157. 더불어 사용 1158. 리어카 장사 1159. 천년의 세월

제38편 **파랑새 노래**

1160. 지나친 겸손 1161. 천애상 1162. 방어 낚시 1163. 산성 체질 1164. 정원 다듬기 1165. 청년의 향수 1166. 수입 부침개 1167. 딱딱한 구근 1168. 자매의 유품 1169. 헌금과 뇌물 1170. 성금과 성검 1171. 욕심과 집착 1172. 대게잡이 1173. 검정고무신(1) 1174. 증인의 삶 1175. 레마의 말씀 1176. 테마 공원 1177. 저무는 중년 1178. 양보의 미덕 1179. 양계 사업 1180. 음식의 영성 1181. 짝짝이 신발 1182. 씀씀이 경고 1183. 목자 없는 양 1184. 일의 등급 1185. 도움과 부담 1186. 끝없는 산전 1187. 아쉬운 결재 1188. 깨어 있으라 1189. 아쉬운 마음 1190. 까까머리 1191. 더벅머리 1192. 마지막 싸움 1193. 너의 빈자리 1194. 파랑새의 집 1195. 쌍무지개

제39편 **오타쿠 신앙**

1196. 손님 접대 1197. 예수 그리스도 1198. 빈자의 여유 1199. 무심한 달력 1200. 햇살 가득히 1201. 주님 뜻대로 1202. 거룩한 부담 1203. 육신의 방해 1204. 성령의 기름 1205. 감사의 열매 1206. 고난을 넘어 1207. 사탄의 천사 1208. 세상 풍조 1209. 세상 무시 1210. 낡은 사육장 1211. 말씀 공부 1212. 수족관 낚시 1213. 순교자 심정 1214. 주님 연대기 1215. 못난 자아 1216. 베드로 십자가 1217. 잊힌 이름 1218. 씻어나 보자 1219. 이제 일어나 1220. 특별 승진 1221. 쓴 뿌리 1222. 소나무 1223. 애꿎은 생명 1224. 야생 떡붕어 1225. 생활의 리듬 1226. 복합 장애인 1227. 대추나무

제40편 **최고의 승리**

1228. 사랑의 열매 1229. 못난 수탉 1230. 용서한 악인 1231. 주님의 관점 1232. 빛과 어둠 1233. 징계의 도구 1234. 원수의 은혜 1235. 하숙집 1236. 난 초 1237. 울화통 1238. 참종 1239. 지하실 1240. 증인 1241. 개와 돼지 1242. 사 명 1243. 이웃 아저씨 1244. 완벽한 평화 1245. 고추와 농약 1246. 어긋난 굴 레 1247. 생명의 손길 1248. 희망의 아침 1249. 뿌림의 영성 1250. 프러포즈 1251. 겸손의 향기